überreiht von
www.hopesangel.com

Lob für ‚Trauernde Eltern'

„Dieses Buch ist eine wunderbare Informationsquelle für Paare und Familien, die mit einem Verlust konfrontiert worden sind. Es ist voller ausgezeichneter Ratschläge für Freunde und Familienangehörige der Hinterbliebenen. Sehr empfehlenswert."
TARA SHAFER – MITBEGRÜNDERIN VON ‚RECONCEIVING LOSS'

„Das Buch ‚Trauernde Eltern' geht einen wichtigen Schritt in Richtung Normalisierung der Trauer. Es ist voller persönlicher Einsichten verwaister Eltern, die das erlebt haben, was so viele von uns nach einem Verlust erleben. Es ist ein praktisches und intimes Buch – eine Navigationshilfe für die Reise durch die Trauer zur Heilung."
SEAN HANISH UND KILEY KREKORIAN HANISH – RETURN TO ZERO

„Dieses Buch bietet mehr als nur eine wichtige Ressource, um trauernden Eltern zu helfen, es ist für jeden von uns; Freunde, Familie und Kollegen, die lernen wollen, wie wir als Gemeinschaft unterstützen, wachsen und uns durch die Trauer entwickeln können."
MICHELLE DUVAL – COACH, AUTORIN UND WISSENSCHAFTLERIN

„Obwohl jede Trauererfahrung sehr persönlich ist, steht die Trauerreise einer Person unter direktem Einfluss ihrer Beziehungen zu anderen. Dieses Buch bestärkt verwaiste Paare, Wege zu finden, einander zu unterstützen und gleichzeitig den einzigartigen Heilungsweg des anderen zu akzeptieren."
CARRIE FISHER-PASCUAL – THE STILL PROJECT

„Dieses Buch ist ein wertvolles Werkzeug für die Heilung, angereichert mit persönlichen Einsichten von Eltern, die tiefe Trauer erlebt haben und Herzensheilung als Einzelperson und Paar gefunden haben."
RACHEL TENPENNY CRAWFORD – TEAMOTIONS

„Als Therapeutin für Verluste während der Schwangerschaft, als Hebamme und als glaubensunabhängige Spitalpfarrerin habe ich viele, viele Bücher zum Thema Verlust gelesen. Dieses Buch setzt einen neuen Standard in der Trauerliteratur, indem es kunstvoll empfindsame Einsichten, intellektuelle Fähigkeiten und Trauerressourcen bietet, um trauernden Eltern das nötige Mitgefühl entgegen bringen zu können."

REV LIZ LOTSCHER – INTERFAITH PALLIATIVE CARE CHAPLAIN

„Dieses Buch kann dir einen Weg durch die Trauer zeigen, angereichert durch persönliche Erfahrungen von Eltern, die dasselbe erlebt haben, aus der Trauer wieder aufgetaucht sind und ihre Heilung annehmen. Die fünf Schritte, um als Paar zu überleben, sind besonders hilfreich und Hoffnung stiftend."

SHEROKEE ILSE – INTERNATIONAL BEREAVEMENT EDUCATOR UND AUTORIN VON COUPLE COMMUNICATION AFTER A BABY DIES

„Der Tod eines Babys ist nicht greifbar, wie ein schlechter Traum. Dieses Buch lässt dich wissen, dass deine Gefühle normal sind und du nicht dabei bist, verrückt zu werden. Ein wertvolles Werkzeug, um wieder zum Frieden zu finden."

MONIQUE CAISSIE – FAMILY LIFE EDUCATOR, TRAUERGRUPPEN FÜR FRAUEN

„Trauer wird früher oder später auf deinem Weg auftauchen. Jede Person sollte wissen, wie sie mit der Trauer und den Hinterbliebenen umgehen sollte. Dieses Buch ist ein Licht in der Dunkelheit der Trauer, sowohl auf persönlicher als auch auf professioneller Ebene."

REBECCA BUSTAMANTE – FAMILYLAB COACH

„Verlust und Trauer um ein Kind können das Todesurteil für eine Beziehung bedeuten, wenn nicht in liebevoller sowie praktischer Art und Weise damit umgegangen wird. Nathalie erzählt auf ihre ehrliche Art von ihren Erlebnissen und öffnet somit die Türen, damit Paare diese herzzerreißende Zeit mithilfe ihrer praktischen und mitfühlenden Tipps navigieren können. Dieses Buch ist der essenzielle Leitfaden für Gesundheitspersonal, Therapeuten, verwaiste Eltern und ihre Begleitpersonen."

JANET MCGEEVER – SPEAKER, RELATIONSHIPS EDUCATOR UND COUNSELLOR

„Ein überzeugender und herzlicher Leitfaden für jeden Mann und jede Frau, die ihr Leben nach Verlust und Trauer wieder aufbauen wollen."

EMILY ROONEY – GRÜNDERIN, SUDDENLY HOMELESS: JOURNEY HOME PROJECT

„Endlich gibt es ein Buch, das dich nicht nur da, wo du auf der persönlichen Reise der Trauer bist, abholt, sondern auch das komplizierte und oft gemiedene Thema des Kindsverlusts vereinfacht. ‚Trauernde Eltern' ist nicht nur eine hilfreiche Inspirationsquelle, sondern zeichnet auch ein ehrliches und feinfühliges Bild des Umgangs mit dem Leben nach einem Verlust."

PAUL DE LEON – SCHRIFTSTELLER, STILL STANDING MAGAZINE

„Kraftvolle, Herz-erfüllte und praktische Ratschläge von jemandem, der diesen Weg gegangen ist. Wenn du nach dem ultimativen Partnerschafts-Führer suchst, der dich durch das zerklüftete Land der Trauer führt, dann hast du ihn gefunden. Ein Muss für alle verwaisten Eltern."

ANGELA MILLER – AUTORIN VON YOU ARE THE MOTHER OF ALL MOTHERS

„Das wäre wirklich das Buch gewesen, das ich mir gewünscht hätte, nachdem unsere acht Monate alte Ingrid gestorben ist. Es ist so weise und liebevoll geschrieben, angereichert mit praktischem und emotionalem Rat. Ich werde es sicher meinen Klienten, mit denen ich in meiner täglichen Arbeit als Trauerbegleiterin zusammentreffe, als Geschenk mitgeben."

KARIN ANDERSSON HAGELIN – TRAUERBEGLEITERIN

„Zu wissen, dass Männer und Frauen sehr unterschiedlich und individuell trauern, und Ressourcen zu finden, die speziell die Trauer zu zweit als Paar thematisieren, ist ein seltenes Geschenk. Nathalies Buch sammelt unschätzbare Einsichten, die nur jemand haben kann, der diese Situation selbst erlebt hat. Das Buch bietet Paaren Hoffnung, diese intensiven Emotionen zu überstehen und zusammen mit der neuen Normalität umgehen zu lernen."

LORI MULLINS ENNIS – HERAUSGEBERIN VON STILL STANDING MAGAZINE

„Nathalie zeigt in ihrem Buch den Schmerz ihrer verletzlichsten Momente und präsentiert praktische und aufschlussreiche Schritte für trauernde Elternteile oder Partner. Sie erklärt, wie jeder von uns eine einzigartige emotionelle, physische und spirituelle Reise gehen muss, und veranschaulicht, wie die oft zwar natürlichen Antworten auf die Trauer, wie das Verurteilen, die Erwartungen und Frustration mit dir selber und anderen deinen Heilungsweg beeinflussen können."

BRANDON BAYS – INTERNATIONALE BESTSELLER-AUTORIN VON
THE JOURNEY® UND THE JOURNEY FOR KIDS®

„Dieses Buch scheint endlich mit einem Spot auf die wichtigsten Aspekte der Genesung nach der Trauer: wie wir unsere wertvollste Beziehung nach einem Verlust nicht nur intakt, sondern auch im gesunden Zustand halten können. Mit der Öffnung zum Gespräch über das Überleben einer Partnerschaft nach dem Verlust gibt Nathalie den Paaren Hoffnung, die sich in diesen traurigen Umständen befinden. Die Vermischung der Einsichten von Paaren, die diesem Sturm ausgesetzt waren, mit ihren Einsichten und Recherchen als Therapeutin machen dieses Buch zu einem äußerst wertvollen Werkzeug für Paare."

PAULA STEPHENS – M.A., GRÜNDERIN,
CRAZY GOOD GRIEF, SELF-CARE THROUGH LOSS

„Dieses Buch spricht ehrlich über den Verlust eines Kindes und die Trauer der Eltern, es gibt in einer praktischen und kraftvollen Art Hoffnung, dass man auf dem Weg durch die Trauer zu einer neuen Art des Seins finden kann. Ein Muss für jedes trauernde Paar."

FEMKE STUUT – MSC. COACH

„Nathalie ist für uns alle eine Inspiration. Wir kennen sie als eine tiefgründige, auf dem Boden gebliebene, sensitive, starke und mutige Frau ... Die Art und Weise, wie sie mit dem Verlust ihrer Tochter umgegangen ist, ist absolut inspirierend. Dieses Buch wird für viele Menschen eine große Stütze sein."

DEVA PREMAL & MITEN – MUSIKER

Trauernde Eltern

Wie ein Paar den Verlust eines Kindes überlebt

Heilung durch persönliche und
professionelle Einsichten Betroffener

Nathalie Himmelrich

*Für Ananda Mae Passion
und Amya Mirica Hope*

May the long time sun
shine upon you
all love surround you
and the pure light within you
guide your way on

Trauernde Eltern - Wie ein Paar den Verlust eines Kindes überlebt
Autorin: Nathalie Himmelrich
ISBN: 978-3-9524527-0-7

Satz: Nathalie Himmelrich und Kerstin Poth
Umschlaggestaltung: Carly Marie Dudley und Jane Jones
Umschlagbild: Michael Goh

Titel der englischen Originalausgabe: Grieving Parents © 2014
Library of Congress Cataloging-in-Publication Data
1. Family & Relationships / Death, Grief, Bereavement.
2. Self- Help / Death, Grief, Bereavement 3. Psychology & Psychiatry / Counseling

Copyright © 2015 Nathalie Himmelrich
Das Werk einschließlich aller Inhalte ist urheberrechtlich geschützt.
Alle Rechte vorbehalten. Nachdruck oder Reproduktion (auch auszugsweise) in irgendeiner Form (Druck, Fotokopie oder anderes Verfahren) sowie die Einspeicherung, Verarbeitung, Vervielfältigung und Verbreitung mit Hilfe elektronischer Systeme jeglicher Art, gesamt oder auszugsweise, ist ohne ausdrückliche schriftliche Genehmigung des Verlages untersagt.
Alle Übersetzungsrechte vorbehalten.

www.nathaliehimmelrich.com

INHALT

Einführende Worte	19
Danksagung	21
Vorwort	23
Einführung	25
**1	Ich spüre deinen Schmerz**	27
Unser Kind ist gestorben	27
Die Welt dreht sich weiter – meine ist zerbrochen	29
Warum? Warum jetzt?	31
Die ungeplante Reise eines Paares mit Trauer und Verlust	31
Besonders und einzigartig	32
Mensch sein nach dem Verlust	32
Glücklich und trauernd gleichzeitig?	34
Wann hört es auf?	35
**2	Es wird wieder besser**	37
Ich war da …	37
Was ich gelernt habe …	41
Mein beruflicher Hintergrund	43
Selbstakzeptanz und Verständnis	44
… und ich gehe immer noch diesen Weg	44
**3	Das Paartrauer-Integrations-Modell**	45
Wie eigne ich mir dieses Buch an?	45
Die 5 Schritte, um den Verlust als Paar zu überstehen	47
Das Paartrauer-Integrations-Modell	47
Übersicht	48
Schritt 1 - ZULASSEN	50
Schritt 2 – BEWUSST WERDEN	52
Schritt 3 – ANERKENNEN	54
Schritt 4 – EINSTELLEN & ANPASSEN	56
Schritt 5 - INTEGRIEREN	58
Abschließende Worte	59

4 | Trauer verstehen 61
Was du lernen kannst 61
Meine Trauererfahrung 62
Definitionen – Trauer verstehen 66

5 | Verschiedene Arten des Trauerns 75
Was du lernen kannst 75
Reaktionen und Antworten auf die Trauer 76
Verschiedene Arten des Trauerns 81

6 | Paare und Trauer 91
Was du lernen kannst 91
Was bestimmt die Trauer? 91
Der Effekt auf die Paarbeziehung 96
Trauern als Paar 100

7 | Trauertheorie 103
Was du lernen kannst 103
Trauermodelle – die bekannten Trauertheorien 104
Der wichtigste Aspekt in allen Trauertheorien 108

8 | Kommunikation 111
Was du lernen kannst 111
Lass uns drüber reden 111
Drück deine Bedürfnisse aus 116
Erzähle deine Geschichte – begreife deinen Verlust 120

9 | Unterstützung 123
Was du lernen kannst 123
Helfer in deinem Umfeld 123
Sozialarbeiter 128
Beratung/psychologische Unterstützung 131
Glauben, spirituelle und religiöse Unterstützung 133

10 | Deine innere Stütze 137
Was du lernen kannst 137
Das innere Spiel der Trauer 137
Deine Erinnerung an den Verlust 138
Bedeutungen zumessen, schaffen und verändern 140
Bringe Bewusstsein in deine Bedeutungsschaffung 144
Existenzielle Krise 146
Resilienz (Widerstandsfähigkeit) 147
Effektive Antworten auf Verlust 149

11 | Unterstützung innerhalb der Beziehung 151
    Was du lernen kannst 151
    Die Stärke des Paares 151
    Ihm oder ihr in der Trauer helfen 153

12 | Helfer für trauernde Eltern 159
    Was du lernen kannst 159
    Was man nicht sagen oder tun sollte 160
    Was man stattdessen sagen oder tun kann 164
    Wünsche der Eltern eines Engels 169
    Feuerwehrmann oder Baumeister? 171

13 | Fragen und Antworten 173
    Was du lernen kannst 173
    Warum? Warum musste unser Baby sterben? Warum ist das passiert? 174
    Wie werden wir das überleben? Wie können wir damit
    umgehen? Was kommt nun? 174
    Warum reagieren die Leute so? Warum sprechen sie nicht mit uns? 175
    Wie kann ich ihm oder ihr in der Trauer helfen? 176
    Wird das wieder passieren? Was ist mit weiteren Schwangerschaften? 176
    Was, wenn mein Partner nicht der/die biologische Vater/Mutter ist? 177
    Was soll ich mit all diesen Fragen tun,
    die in meinem Kopf herumschwirren? 178

14 | Du bist nicht alleine 179
    Was du lernen kannst 179
    Was ich anders machen würde: 180
    Die Perlen der Weisheit 180

Nachwort 183

Ressourcen 185
    Leseempfehlungen – Trauertheorien 185
    Weiterführende Empfehlungen 186
    Online-Ressourcen 187

Referenzen 189

Interviewte Personen 191

Wie weiter? 195

Buch-Bestellungen 197

Das Buch im Namen deines Kindes spenden 199

Die Autorin 201

Einführende Worte

von der Autorin an die Leser

Vorab möchte ich sagen: Es tut mir leid, wenn du einen so großen Verlust erleben musstest, oder eine dir nahestehende Person diesen durchleiden musste.
Ich wünsche mir, dass du durch das Lesen dieses Buches neue Hoffnung schöpfen kannst und es dich auf deiner Reise durch die Trauer auf dem Weg zur Heilung begleiten wird. Du wirst in meine eigene Geschichte sowie in jene von anderen Eltern, die ihre Kinder verloren haben, eintauchen. Wenn du inmitten deiner Verzweiflung neue Hoffnung schöpfst, hat dieses Buch eines seiner Ziele erfüllt.

Es kann zu jedem Zeitpunkt in deinem Trauerprozess gelesen werden. Öffne das Buch immer dann, wenn Du das Bedürfnis verspürst. Blättere die Seiten vor und zurück, um die Stellen zu finden, die zu dir und deiner momentanen Situation passen.

Dieses Buch ist nicht aus der Perspektive einer bestimmten religiösen Glaubensrichtung geschrieben. Meine Eltern sind in verschiedenen religiösen Glaubensrichtungen aufgewachsen und folgten deren Traditionen mehr oder weniger. Von Kind auf war es mir also möglich, die beiden unterschiedlichen Traditionen meiner Eltern kennenzulernen und meine eigenen Entscheidungen zu treffen, was meine religiöse Glaubensrichtung betraf. Ich respektiere und akzeptiere verschiedene Religionen, deren Traditionen und Glaubenssätze – sie sind jedoch nicht Teil dieses Buches.

Was noch anzumerken ist: Ich bin keine Trauertheorie-Expertin. Ich bespreche im Buch zwar die wichtigsten Trauertheorien, es sollte aber nicht erwartet werden, dass meine Ausführungen komplett sind.

Ich ehre und respektiere sowohl deine persönliche Reise durch das Leben, als auch deine Reise in dem Trauerprozess.

Anmerkungen:
- Ich werde im weiteren Text sowohl für die männliche als auch für die weibliche Form ‚Leser' verwenden. Genauso spreche ich mit ‚Kind' auch Kinder, Baby und Babys an.
- Wenn ich von der Zeit während der Schwangerschaft berichte, werde ich meine Zwillinge Hope und Passion nennen. Danach verwende ich für Passion ihren Rufnamen Ananda Mae.
- Ich möchte zudem erwähnen, dass ich meine Leser duzen werde. Dies hilft mir, eine vertraute und einfühlsame Kommunikation aufzubauen.

DANKSAGUNG

Ich habe versucht, möglichst viele Informationsquellen zu erwähnen. Du kannst diese im Anhang und im Ressourcen-Teil finden. Viele Menschen haben zu diesem Buch beigetragen.
Teile der Interviews mit den nun folgenden Personen sind in der englischen Originalversion erschienen und zum Teil auch in der deutschen Übersetzung: Gavin Blue, Alexa Bigwarfe, Karen Capucilli, Rachel Tenpenny Crawford, Carly Marie Dudley, Lori Mullins Ennis, John Ennis, Carrie Fisher-Pascual, Tamara Gabriel, Cheryl Haggard, Sean Hanish, Kiley Krekorian Hanish, Sherokee Ilse, Nicole de Leon, Paul de Leon, Jonathan Pascual, Martina Sandles, Jeremy Shatan, und Monique Caissie.

Ein spezielles Dankeschön geht an ‚Zeichenmanufaktur' für das Lektorat, Miriam Frisenda, Carola Töpfer und Kerstin Poth für das Korrektorat, Carly Marie Dudley und Jane Jones für das Design des Buchumschlages, Michael Goh für das Bild auf dem Buchumschlag, und an diejenigen meiner lieben Freunde und Freundinnen, die an mich glaubten und mich auf dem Weg unterstützten.

Ich danke Michele Himmelrich, Pascal Willi, Colette Schuhmacher, Ayana Züger, Marianne Meier und Elsbeth Gilgen, die für die Betreuung von Ananda Mae gesorgt haben in jener Zeit, in der ich das Buch schrieb und übersetzte.

Ein besonderes Dankeschön gilt Chris Young, meinem Mann und dem Vater unserer Töchter. Du warst immer da – zu jedem Zeitpunkt ermutigend und unterstützend an meiner Seite.

Abschließend möchte ich der Inspiration für dieses Buch meinen Dank aussprechen: meinen Töchtern Ananda Mae Passion und Amya Mirica Hope. Dieses Buch würde ohne die Erfahrung, mit der ihr mich beschenkt habt, nicht existieren.

Von tiefstem Herzen möchte ich all diesen wunderbaren Menschen danken. Ich bin sicher, dass sie genauso stolz sind, ihren Teil dazu beigetragen zu haben, dass trauernde Eltern Heilung erfahren dürfen.

Alles Liebe,

Nathalie Himmelrich

VORWORT

Im Interesse der Offenlegung aller Tatsachen möchte ich hier erwähnen, dass ich der Editor von *Trauernde Eltern: Wie ein Paar den Verlust eines Kindes überlebt* bin.
Warum hat mich Nathalie Himmelrich dann darum gebeten, ein Vorwort zu schreiben, und warum habe ich angenommen? Die meiste Zeit meiner professionellen Karriere war ich Gemeindepfarrer. Während dieser Jahre entwickelte ich eine Vielzahl von Workshops, Seminaren und Programmen zum Thema Tod und Sterben. Ich arbeitete und sprach mit Kindern, Jugendlichen, jungen Erwachsenen und Erwachsenen jeden Alters. Ich arbeitete mit Schulen, um Programme für die Mitarbeiter, Lehrer und Studenten zum Thema Tod zu entwickeln. Ich arbeitete zwei Jahre lang als Hospiz-Kaplan, der auch Spiritual Care Coordinator genannt wurde. Momentan, während ich gleichzeitig der Präsident und Haupt-Schriftsteller sowie Lektor von *Write Choice Services* bin, arbeite ich auch als Spital-Kaplan. Fast täglich arbeite ich mit Familien, die mit den verschiedenen Emotionen und Schwierigkeiten rund um den Tod konfrontiert sind.

Während all meinen Jahren als Pfarrer ist mir nie ein Buch wie *Trauernde Eltern* begegnet. Wir sind diejenigen, die von der schmerzvollen Erfahrung, die Nathalie und ihr Ehemann durch den Tod von einer ihrer Zwillingstöchter machen mussten, etwas lernen können. Sie spricht von Offensichtlichem: Schock, Schmerz, Unglauben, Verlust, emotionalem Auf und Ab, und so weiter — sowie von nicht offensichtlichen, aber sehr realen Dingen: den Unterschieden im Trauern und im Umgang mit dem Verlust der Eltern, wie man mit gut gemeinten aber schmerzlichen Kommentaren von Familien und Freunden umgeht, und über das Erkennen der Einzigartigkeit der Reise durch Verlust und Trauer für jeden einzelnen von uns.

Nathalie erzählt nicht nur von ihrer eigenen Reise sondern auch Geschichten anderer Eltern, die eine ähnliche Reise hinter sich haben. Wir lesen von ihrer Traurigkeit und der Wut, die sich oft selbst Ausdruck verschafft. Wir lernen, wie wir trauernden Eltern besser beistehen können, um ihnen zu helfen und sie zu trösten.

Nathalies Einsichten sind kraftvoll. Ihre Vorschläge genau richtig. Der Inhalt unschätzbar wertvoll. Das Buch weitet unser Verständnis für alles, was Eltern in dieser Zeit erfahren, wie wir sie unterstützen, trösten und ihnen bedeutungsvolle Hilfe anbieten können. Ich ermutige dich, dieses Buch zu deinem eigenen Vorteil zu lesen und anschließend deinem Pfarrer, Pastor, Rabbi, Iman, Arzt, Krankenschwester, Sozialarbeiter, Trauer Zentrum, Spital - die Liste ist endlos - und der lokalen Schule ein Buch zu geben. Ich weiß, ich werde dies tun und ich werde meine Kollegen ermutigen, es genauso zu tun.

Tim Morrison, DMin, ND
Hospital Chaplain
WellStar Health System
WellStar Kennestone Regional Hospital
Marietta, GA

Einführung

Nichts kann dich auf den Tod eines Kindes vorbereiten.
Cheryl Haggard

Dies ist genau das Buch, nachdem du gesucht haben magst, als du dein Baby oder Kind verloren hast. Ich selber habe den Verlust meiner Tochter durchlebt und bin Trauertherapeutin. Das Buch entstand sowohl aus der Perspektive der trauernden Mutter als auch aus der Sicht der Therapeutin, die jahrelang mit unzähligen Klienten gearbeitet hat, die Verluste erlebt haben.

Im Mittelpunkt steht die Wirkung, die der elterliche Verlust auf die Eltern und deren Beziehung ausübt. Es geht um das Überleben des Verlustes als Paar und das Wiederauftauchen aus der Trauer in ein Leben mit Freude und Melancholie, Lachen und Tränen, Glück und Traurigkeit. Nicht entweder oder, sondern sowohl als auch.

Wenn du nach einem Buch suchst, das du deinem Partner geben kannst, weil ‚er nicht wirklich trauert' oder ‚sie zu emotional ist', sei dir bewusst über dein Bedürfnis, die Art des Trauerns deines Partners verändern zu wollen. Wenn du nach einem Buch suchst, dass deine erschütterte Ehe wieder stabilisiert, dann wirst du einige Antworten finden. *Trauernde Eltern: Wie ein Paar den Verlust eines Kindes überlebt* kann dir zeigen, wie du die Art des Trauerns, die jeder wählt, verstehen und akzeptieren lernst. In einer Beziehung ist jeder Partner gleichermaßen verantwortlich, seinen Teil zu übernehmen. Wenn du dieses Buch magst, dann steht es dir frei, es deinem Partner zu empfehlen.

Halte dich jedoch zurück, darauf zu bestehen, dass er/sie es liest. Oft führt der Satz: „Das musst du unbedingt lesen!" genau zur umgekehrten Reaktion.

Ob deine Beziehung den Verlust überleben kann oder nicht, entscheidet nicht dieses Buch. *Trauernde Eltern: Wie ein Paar den Verlust eines Kindes überlebt* zeigt dir, wie du aus dieser Reise durch die Dunkelheit der Trauer wieder auftauchen kannst, mit neu gewonnener Empfindung und Verständnis für deinen Partner. Deine Beziehung wird von der Trauer getroffen – dieses Buch zeigt Wege auf, wie sowohl du dir selbst, als auch ihr euch gegenseitig Unterstützung bieten könnt. Das Buch basiert auf einer weltweiten Umfrage, die ich durchgeführt habe, in welcher ich verwaiste Eltern nach ihren Bedürfnissen, Schwierigkeiten und dem, was ihnen geholfen hat, befragt habe. Du findest hier Beschreibungen, was Einzelpersonen oder Paaren geholfen hat, die ich interviewt habe; Paare in unterschiedlichen Situationen und an verschiedenen Zeitpunkten in ihrer Reise durch die Trauer.

Es ist wahrscheinlich genau das Buch, das du suchst, wenn du mit dem Verlust deines (ungeborenen) Babys, Kleinkindes, Kindes oder Teenagers konfrontiert bist. Es beinhaltet das, wonach verwaiste Eltern gefragt haben: was sie in deiner Situation hätten wissen wollen, was sie brauchen oder gebraucht hätten in dieser schrecklichen Zeit nach dem Verlust.

1
Ich spüre deinen Schmerz

Durch das Tragen der Trauer in deinem Leben wirst du ein stärkerer Mensch. Es wird nicht einfacher oder besser, aber mit jedem Schritt wirst du stärker.
Cheryl Haggard

Unser Kind ist gestorben

Euer Kind wird nicht überleben. Ihr müsst euch Gedanken über Palliativpflege machen oder ihr beendet die Schwangerschaft eines eurer Zwillingsmädchen.

Ich war in der 26. Woche schwanger mit meinen Mädchen. Sie fühlten sich beide noch sehr lebendig in mir an. Ich war schockiert, unfähig, das Gespräch weiterzuführen und starrte in die Luft. Chris, mein Mann, war wütend und traurig. Unser Leben war auf den Kopf gestellt worden.

Es war meine erste Schwangerschaft. Wir hatten unsere erste Runde IVF (in vitro fertilization, künstliche Befruchtung) hinter uns und eine befruchtete Eizelle war transferiert worden.
Eineiige Zwillinge – was für ein Geschenk, eines das man nicht einmal durch IVF künstlich erzeugen kann. Bei der Ultraschall-Untersuchung

in der 19. Woche wurden bei einem der Mädchen Zysten in den Nieren festgestellt, nicht bei dem anderen. Zu diesem Zeitpunkt war noch nicht klar, was dies letztlich bedeuten würde. Würden sich die Nieren normal entwickeln?

Mit jeder neuen Untersuchung wurde unsere Ultraschall-Abneigung grösser. Die Ultraschall-Techniker und Ärzte überwachten die Menge des Fruchtwassers, ob es in einem der zwei Fruchtwasserblasen erhöht oder reduziert war. Ich hatte Angst und Hoffnung zugleich. Chris, normalerweise ein ausgesprochen positiver Mensch, wurde zunehmend nervöser und besorgter. Trotz der vorhandenen ‚Hoffnung' keimte die Trauer um den Verlust der Träume. Wir hatten für unsere Mädchen schon Pläne gemacht: Ideen und Wünsche, die von dem Zeitpunkt an zu wachsen begonnen hatten, als wir herausfanden, dass wir schwanger waren und dann als wir zu unserer Überraschung feststellten, dass wir nicht nur ein, sondern zwei Kinder erwarteten.

Aus meiner Ausbildung zur Trauerpsychologin kannte ich die vorausschauende Trauer. Es war normal, dass ich jetzt schon trauerte, auch wenn mein Kind noch am Leben war. Aufgrund der unterschiedlichen Meinungen, die wir von Ärzten hörten, und auch durch unsere menschliche Erfahrung als werdende Eltern schwankten wir zwischen Hoffnung und dem Gefühl am Boden zerstört zu sein.

Chris schlug vor, dass wir für die Mädchen zwei Karten aus einem Set Engel-Karten ziehen sollten, statt sie Zwilling A und Zwilling B zu nennen. Die erste Karte, die wir zogen, war für unser Baby mit unklarer Zukunft: Die Karte hiess ‚Hope' (Hoffnung). Die Karte ihre Schwester war ‚Passion' (Leidenschaft). Ich glaube nicht an Zufälle, sondern an die Synchronizität. Wir waren dazu berufen, angesichts des potenziellen Verlusts von Hope zu hoffen.

Wir versuchten, mehr über Hopes Situation zu erfahren. Wir besuchten Spezialisten. Chris suchte nach Informationen im Internet. Ich bemühte mich so gut wie möglich, meine Schwangerschaft bewusst zu erleben. Aber die Traurigkeit und Unsicherheit waren genauso präsent wie mein wachsender Bauch.

Es war für uns absolut keine Option, das Leben von Hope zu terminieren. Es bestand weder unmittelbare Gefahr für Passion noch gab es offensichtliche Vorteile. Wenn ich mir über eines sicher war, dann darüber, dass Hope ihren Zeitpunkt für das Ausscheiden aus dem Leben selber wählen würde.

Nachdem wir so viele Geschichten gehört hatten, bei denen Babys auf wundersame Weise überlebten, blieb ich hoffnungsvoll. Gleichzeitig jedoch fühlte ich auch Traurigkeit und Verzweiflung. Ich genoss jeden Moment als Mutter von zwei Menschen, die in mir wuchsen. Chris sagte: „Das einzig sichere ist dieser Moment. Lass uns das Beste daraus machen." Und so machten wir es. Wir sangen mit ihnen. Wir berührten und streichelten sie durch meinen Bauch und Chris las jeden Abend aus dem Buch *Der Kleine Hobbit* vor.

Beim Ultraschall in der 34. Woche war offensichtlich, dass das Fruchtwasser für Hope zu niedrig wurde. Die Mädchen mussten geboren werden. Nur knapp 36 Stunden später sah ich zu, wie sie via Kaiserschnitt aus meinem Körper entnommen wurden: Zuerst Passion mit ausgestreckten Armen und dann Hope mit den Füssen in den Himmel. Die Geburt war wunderschön und berührend – dieser Tag bleibt als einer der schönsten und speziellsten Tage meines Lebens in meiner Erinnerung.

Am dritten Tag von Hopes Leben wurde klar, dass sie bereits die Wahl getroffen hatte, uns zu verlassen. Sie wurde jedoch noch durch medizinische Maschinen am Leben erhalten. Wir ließen sie an diesem Nachmittag gehen.

DIE WELT DREHT SICH WEITER – MEINE IST ZERBROCHEN

Ich erinnere mich an den Schock und die Gefühllosigkeit. Es war, als wäre ich Hauptdarstellerin in einer medizinischen Fernsehsendung, wie *Grey's Anatomy* oder *Private Practice*, wartend auf den Moment, in dem der Alptraum enden würde. Ich konnte nicht glauben, was passierte. Es war, als ob ich mich aus der Distanz beobachtete, wie ich den leblosen Körper des Babys, dass ich erst gerade geboren hatte, hielt, badete, und kleidete. Das erste und letzte Mal.

Ich hatte eben erst entbunden. Wir waren frische Eltern, beeindruckt von dem Wunder des neuen Lebens. Zur gleichen Zeit wurden wir trauernde Eltern, die ihre Tochter hielten, als sie den letzten Atemzug tat. Das ist eine Erfahrung, die ich keinen Eltern wünsche.

Du wirst diese Erfahrung gemacht haben oder jemanden kennen, der diese Erfahrung machen musste. Es ist die ‚Unzeit' des Todes eines Kindes – vor dem Tod der Eltern – was die ganze Sache für alle Betroffenen schwierig zu verstehen macht.

Die Welt, wie ich sie kannte, stoppte. Ein Teil von mir musste weiterhin Mutter sein: Milch abpumpen, Windeln wechseln, meine Tochter lieb haben. Zur gleichen Zeit musste ich Adieu sagen und mich von meiner anderen Tochter verabschieden. Die eine Zwillingsschwester würde nie mit ihrer anderen aufwachsen, nie Hand in Hand am Straßenrand entlanggehen und nie die Erfahrung des speziellen Bundes von eineiigen Zwillingen erleben.

Der Tag, nachdem Hope starb, war Vatertag in Australien. Die Mitarbeiter der neonatalen Abteilung (NICU) hatten eine Karte vorbereitet. Mein Mann feierte seinen ersten Vatertag mit einer neugeborenen Tochter im Brutkasten in der NICU und der zweiten Tochter und ihrem leblosen Körper in einem anderen Teil des Spitals. Noch heute, drei Jahre später, sagt er: „Das war die merkwürdigste Erfahrung. Ich war hin- und hergerissen, das Leben eines Kindes zu feiern und den Tod eines anderen zu betrauern. Mein Herz war in Teile zersplittert."

Warum und wie kann die Welt sich weiter drehen, als ob nichts passiert wäre, während ich mein Kind beerdige?
Nathalie Himmelrich

Warum? Warum jetzt?

Die ‚Warum'-Frage begann in meinem Kopf zu kreisen, als ich schwanger war. Warum hat eines unserer Mädchen ein körperliches Problem, aber das andere nicht? Warum müssen wir diese Erfahrung machen, angesichts der unglaublichen Gabe von eineiigen Zwillingen, die sich nicht künstlich kreieren lassen, nicht einmal durch die neuesten Innovationen der künstlichen Befruchtung? Warum wir? Müssen wir diese Erfahrung machen, weil wir wirklich schlechte Menschen waren in unseren vergangenen Leben? Warum?

Während ich gefühllos die Welt rund herum beobachtete, kreisten die Fragen in meinem Kopf. Es waren meine ersten Gedanken beim Aufwachen und ständige Begleiter, während ich nachts wach lag. Sie begleiteten mich während des Stillens und bei meinen Versuchen, wieder einzuschlafen.

Die ungeplante Reise eines Paares mit Trauer und Verlust

Egal wie dein Baby stirbt, ob du den Zeitpunkt wählst oder nicht, ob es eine Überraschung war oder was auch immer passierte, als Paar befindet ihr euch plötzlich auf einem anderen Weg als dem geplanten. In den ersten Tagen geht es auf diesem neuen Weg um das Überleben einer Fehlgeburt, Totgeburt oder einer Geburt, bei der ihr euer Baby oder eure Babys willkommen heißen durftet, um ihn/sie dann wieder verabschieden zu müssen. Für andere mag es die Verarbeitung der Prognose des Arztes sein, die langsame oder plötzliche Verschlechterung des Zustandes und der Tod des Kindes und danach die Beerdigung. Wie ihr in diesen Zeiten als Paar kommunizieren könnt, zeichnet den Weg für das, was kommt, vor: wie ihr mit dieser Herausforderung zusammen umgehen werdet und auch eure individuellen Stile der Bewältigung.

Besonders und einzigartig

Dein Kind ist etwas Besonderes und einmalig, und das bist auch du. Meine beiden Kinder sind einzigartig und nicht nur, weil sie eineiige Zwillinge sind. Jeder Trauerschmerz ist so persönlich, tief und außergewöhnlich. Jeder trauernde Mensch ist genauso individuell. Von Anfang an habe ich festgestellt, dass die Art und Weise, wie mein Mann und ich mit der Trauer umgehen, unterschiedlich ist.

Wir waren beide zutiefst in unserer Seele verletzt und unsere Basis war erschüttert. So verschieden, wie wir schon vorher waren, wurden wir auch in ungleicher Weise betroffen. Die Beziehung, die ich zu den Mädchen in mir aufgebaut hatte, war ganz offensichtlich anders, als die meines Mannes in seiner Erfahrung der Berührung von außen. Die Beziehung zwischen Mutter und Kind unterscheidet sich von der Beziehung zwischen Vater und Kind – egal, wie alt das Kind ist.

Ich fragte meinen Mann: „Was fühlst du in Bezug auf Hope?" oder „Was spürst du, wenn du sie so daliegen siehst?" Manchmal war ich in der Lage, seine Traurigkeit zu spüren, wenn er seiner tiefen Trauer Ausdruck gab. Andere Male war er mein Fels und unterstützte mich durch mein Schluchzen hindurch oder hörte sich meine formulierten wiederkehrenden Gedanken aufmerksam an.

Es gibt keinen richtigen oder falschen Weg der Trauer. Es ist einfach nur so, dass der Prozess mit dem Verlust umzugehen, so einzigartig ist wie die Person selbst.

Mensch sein nach dem Verlust

Die ‚Neue Normalität' (das neue Normal) bezeichnet die Zeit nach dem Tod eines Babys oder Kindes. Ich persönlich fühlte mich sehr herausgefordert mit dem neuen Normal. Es fühlte sich überhaupt nicht normal an. Nach meinem schweren Start in Bezug auf mein ‚Nach-Verlust-Selbst', empfinde ich sogar aktuell noch starke negative

Gefühle für gewisse neue Aspekte meines neuen Selbst. In der Vergangenheit konnte ich mich besonders gut an Namen, Daten und Orte erinnern. Ich war besonders gut darin, mehrere Aufgaben gleichzeitig zu erledigen. Die Organisation eines Klassenzimmers mit 26 mehrstufigen, sieben und acht Jahre alten, lauten und ausgelassenen Kinder war einfach. Ich ging regelmäßig abends aus und stand am nächsten Tag mit wenig oder keinem Schlaf auf. Es schien, als ob ich neu geboren wurde, aber nicht die Art von Wiedergeburt hatte, die man sich wünscht. Mutterschaft alleine birgt schon neue Erfahrungen und Herausforderungen. Wie konnte ich also unterscheiden, welche meiner Veränderungen sich aufgrund des Trauerns und welche aufgrund der Mutterschaft einstellten? Ich bin mir jedoch ziemlich sicher, dass nicht viele neue Mütter den Tod so empfinden wie ich. Er ist mittlerweile ein ‚freundlicher' Besucher geworden, vor dem ich mich nicht mehr fürchte, so merkwürdig das auch klingen mag.

Diese ‚neue Normalität' in mir bedeutete, dass ich auch eine neue Beziehung mit dem Vater, Ehemann und Partner in der neuen Normalität aufbauen musste. In einer kurzen Zeitspanne von weniger als fünf Monaten bewältigten wir viele schwierige Meilensteine: Wir wurden Eltern, trauernde Eltern, heirateten (ja, auch das war bereits in Planung) und ich wurde zu einer halb-verwaisten Tochter.

Ich kann nur für mich sprechen, aber wenn man bedenkt, wie unsicher ich mir selbst war, wie schwer ich mich tat mit meinen Veränderungen und dies auch heute noch tue, kann ich nur vermuten, was mein Mann zu bewältigen hatte. Als ich noch vor einigen Monaten in einer sehr dunklen Zeit steckte, sagte ich zu ihm: „Du hast den Luxus, wählen zu können, ob du mit mir zusammen sein willst oder nicht. Diesen Luxus habe ich nicht. Ich stecke in mir selbst fest, ohne die Möglichkeit jemals wieder der Mensch zu werden, der ich einmal war!"

Neben dem Kampf mit der Akzeptanz des neuen und angekratzten ‚Nach-Verlust-Selbsts' musst du auch die Beziehung zu deinem Partner erneuern. Die Bedeutung dieses Schritts ist enorm, wenn man bedenkt, dass ihr euch kennt und es trotzdem einige signifikante Unterschiede gibt – die einen wahrscheinlich angenehmer als die anderen.

Das gemeinsame Erleben dieses großen, alles verändernden Ereignisses – dem Verlust des Babys oder Kindes – kann zunächst dazu führen, dass ihr euch einander näher fühlt. Es kann allerdings auch dazu führen, dass es dich traurig macht, stört oder ungeahnt herausfordert, deinen Partner so leiden zu sehen und dass dieser mit dem Verlust in einer ganz anderen Weise umgeht als du.

Die Paare aus meiner Umfrage, von denen ich eine Rückmeldung erhalten habe, haben alle die Schwierigkeiten bestätigt, mit denen sie den Weg durch das Leben in den Tagen, Wochen, Monaten und Jahren nach dem Verlust suchten. Diese Eltern haben auch bestätigt, dass es mit der Zeit leichter geworden ist. Leider hilft dieses Wissen nicht, wenn du in der Tiefe der Trauer steckst, vor allem, wenn du erst vor kurzem dein Kind verloren hast. Wahrscheinlich lauten die unsinnigsten Aussagen, die man hört: „Zeit wird helfen" oder noch schlimmer „Zeit heilt alle Wunden". Ich habe den letzten Satz gleich am Tag nach dem Tod meines Kindes gehört. Ich konnte nicht verstehen, wie jemand erwarten kann, dass diese Wunde jemals heilen würde, egal wie viel Zeit vergeht. Ehrlich gesagt, glaube ich nicht, dass diese Wunde jemals vollständig heilt. Ich habe noch nie Mütter und Väter getroffen, die nicht mehr betrauern, dass ihr Kind vor ihnen starb, egal wie viel Zeit vergangen ist.

GLÜCKLICH UND TRAUERND GLEICHZEITIG?

Nicht möglich, werden einige von euch sagen, während andere es wiederum erleben. Ich erlebte den Zustand des gleichzeitigen Glücks und der Traurigkeit vom ersten Tag meiner Reise durch und mit der Trauer.

Ananda Mae, meine ältere Zwillingstochter war bei mir, und ich lernte, was es bedeutet, Mutter zu sein. Hope, meine jüngere

Zwillingstochter hatte in meinem Arm ihren letzten Atemzug getan, und ich lernte, was es heißt, eine verwaiste Mutter zu sein. Meine Realität war es, dass beide Seiten der Erfahrung, Freude und Melancholie, Lachen und Weinen, Glück und Trauer nebeneinander koexistieren mussten. Ich bewunderte mein Baby und fühlte diese unermessliche Liebe zum gleichen Zeitpunkt, wie ich in einen Abgrund von Traurigkeit stürzte – im Wissen dass ihre Zwillingsschwester niemals erwachsen werden würde. Um eine Vorstellung davon zu erhalten, besuch diesen Link (in englischer Sprache):

 www.hopeforpassion.wordpress.com/hope-passions-story/

Ich glaube nicht, dass es so war, weil ich Zwillinge hatte. Ich glaube, es ist so, weil gegenteilige emotionale Zustände auf den beiden Seiten ein und derselben Medaille existieren können.

Manche trauernde Eltern schreiben darüber, dass sie sich schuldig fühlen, wenn sie lachen und sie fragen sich: „Wie kann ich jemals wieder glücklich sein in dem Wissen, dass mein Kind gestorben ist?" Kannst du? Solltest du? Musst du? WILLST du? Würde dein Kind es sich wünschen, dass du wieder glücklich wirst?

Bitte denk daran: Schuldgefühle sind vielleicht angebracht, wenn man jemanden körperlich oder emotional mit Absicht verletzt. In den meisten Fällen, in denen man sich selbst nach dem Tod eines Kindes schuldig fühlt, ist dies jedoch nicht der Fall.

WANN HÖRT ES AUF?

Der Pfarrer, der beim Begräbnis meiner Mutter sprach, sagte: „Es gibt keinen Weg um die Trauer herum, es gibt keine Abkürzung. Der einzige Weg ist hindurch, ohne die Erwartung, dass es auf der anderen Seite so sein wird wie vorher." Ich bin mir nicht sicher, ob es in der elterlichen Trauer diese andere Seite gibt, wo man aus dem dunklen Tunnel der Trauer wieder ans Tageslicht kriecht und sagt: „Nun, bin ich doch froh, dass ich damit abgeschlossen habe."

Ohne in eine Diskussion über die semantische Bedeutung einzugehen, lass mich eines sagen: Es gibt auch Vorteile darin, die Trauer weiter zu leben. Ein Vater in der Support-Gruppe des Spitals, in der wir Teilnehmer waren, sagte: „Warum sollte ich mir wünschen, dass dieser Schmerz jemals endet, wenn es doch die einzige Verbindung ist, die ich noch mit meiner Tochter teile?" Meine Erfahrung ist jedoch, dass die Trauer nicht die einzige Möglichkeit ist, meine Tochter zu lieben und zu ehren.

Du wunderst dich vielleicht: ‚Wird meine Trauer jemals enden, wann werde ich mein Leben jemals wieder genießen, und geschieht das überhaupt?' Meine Reise mit der elterlichen Trauer ist unterdessen erst drei Jahre alt, aber manche Eltern, die in diesem Buch zitiert werden, sind bereits über 30 Jahre auf ihrem Weg. Die Reise mit der Trauer ist persönlich und einzigartig, und so wird auch deine sein. Meine ist noch nicht zu Ende, was nicht heißt, dass ich nicht das Leben genießen kann. Ich tue es und habe es vom ersten Tag an getan.

Während der Verlust von Hope allgegenwärtig ist, ist es uns mehr und mehr möglich, diese Erfahrung in unseren Alltag zu integrieren.

Vom Moment an, in dem Jacob starb, wusste ich, dass wir nie über diesen Verlust hinweg kommen würden; wir würden lernen, damit zu leben. Eigentlich muss ich diese Aussage revidieren: ‚Wir werden immer wieder lernen, damit zu leben', denn der Prozess wird nie enden.

Jeremy Shatan

2

Es wird wieder besser

Von diesem Moment an wusste ich: ‚Wenn ich eine Stunde lang meinen toten Sohn halten konnte, dann gibt es nichts in dieser Welt, vor dem ich mich fürchten müsste, schon gar nicht, einen Film darüber zu drehen.'
Sean Hanish

Ich war da ...

Im September 2011, als ich meine eineiigen Zwillingsmädchen gebar, wurde ich Mitglied des Clubs der trauernden Eltern, als am dritten Tag ihres Lebens meine jüngere Tochter, Hope, von uns ging.
Ich hatte erwartet, den Verlust durch meine professionelle Erfahrung besser aushalten und verarbeiten zu können. Ich hatte in den vorangegangenen zehn Jahren als psychologische Beraterin mit Spezialisierung auf Beziehungen und Trauer gearbeitet. Doch weder das intensive Training, noch meine Erfahrungen mit den Klienten konnten mich auf meine persönliche Auseinandersetzung mit der Trauer

vorbereiten. Ich wurde hinweggezogen in einen Zustand der Taubheit, wusste nicht, wie ich den Spagat zwischen neuer Elternschaft und meiner Trauer bewältigen sollte.

Sogar jetzt, wenn ich das schreibe, muss ich eine Pause machen. Reflektieren. Es ist schwer, mich an die Tristesse zu erinnern – und wie ich in der Lage war, mit dem Leben fortzufahren und mich gleichzeitig auf den Abschied von dem nun leblosen Körper meiner Tochter vorzubereiten. Ich hatte sie doch für fast neun Monate unmittelbar neben ihrer Schwester in meinem Leib getragen.

Die Trauer begann noch, als ich beide trug. Die Ärzte gaben uns eine niederschmetternde Prognose, die jedoch erst nach der Geburt letzte Klarheit finden sollte.

Die Geburt unserer Töchter war der schönste Tag meines Lebens und das obwohl wir mehr Klarheit über Hopes Zustand und ihre Überlebenschancen erhalten hatten. Ich erinnere mich noch gut an die Euphorie, das Staunen, die Ehrfurcht und all dies als Teil eines Kaiserschnitts. Die beiden Mädchen wurden sofort auf die Intensivstation für Neugeborene (NICU) gebracht. Da ihre Geburt kurz vor der 35. Schwangerschaftswoche stattfand, waren sie beide sehr klein und benötigten Unterstützung.

Erst später am Tag war ich endlich in der Lage, sie in der NICU zu besuchen. Ich durfte die Mädchen durch die Öffnungen im Brutkasten berühren. Da ich teilweise immer noch unter den Auswirkungen des Kaiserschnittes und der Geburt stand, konnte ich die Erklärungen zum Gesundheitszustand der Mädchen kaum wahrnehmen. Alles was ich sah, waren zwei oh-so-kleine Menschen, und es waren meine Mädchen. Hope vertrug nicht viel körperliche Berührung. Neben der Vielzahl von Röhren und Signaltönen der Maschine ruhte der Schwerpunkt meiner Aufmerksamkeit auf ihrem winzigen, kleinen Körper.

Am nächsten Tag hielt ich Ananda Mae zum ersten Mal in meinen Armen. Ich saß neben Hopes Brutkasten und als ich Ananda Mae hielt, berührte ich auch gleichzeitig sanft ihre Schwester. Ich fragte mich, wie sie sich fühlen mussten, in der Kleidung und den Windeln, voneinander getrennt in verschiedenen Brutkästen, nachdem sie für Monate so nah beieinander waren und sich ständig berührt hatten.

In der zweiten Nacht kollabierte eine von Hopes Lungen aufgrund der hohen Belastung durch die Hochfrequenzbeatmung. Ich erhielt einen Anruf um 3:00 Uhr und wurde gebeten, auf die Neugeborenen-Station zu kommen. Die Ärzte und Schwestern waren sehr hilfreich und erläuterten die Wahrscheinlichkeit der Wiederholung eines solchen Vorfalles. Sie machten mich auch auf die Gefahr von Infektionen aufmerksam und die geringe Chance, dass ihre Nierenfunktion ausreichen würde, bis eine Niere transplantiert werden könnte.

Als Eltern kann ich mir keine schwierigere Aufgabe vorstellen, als die Entscheidung, die lebenserhaltenden Maßnahmen für ein Kind einzustellen und die Beatmungsmaschinen abzuschalten. Obwohl meine Tochter nun erst drei Jahre alt ist, kann ich mir nichts Härteres vorstellen, mit dem wir auf unserem Weg als Eltern konfrontiert werden könnten.

Am dritten Tag ihres Lebens ließen wir Hope gehen. Es war der traurigste, aber auch der am meisten mit Ehrfurcht erfüllte Moment meines Lebens: Meine Tochter in meinen Armen zu halten, Haut auf Haut, Körperkontakt zum ersten und letzten Mal außerhalb meines Bauches, während wir sie von den lebenserhaltenden Schläuchen und Maschinen befreiten. Ich sah ihr kleines Gesicht, als sie die Augen öffnete und mich anblickte, ihren Arm ausstreckte und ihre letzten Atemzüge nahm. Ich streichelte ihre weichen dunklen Haare, ihren kleinen Kopf und Körper. Ich speicherte das Bild ihrer kleinen langen Finger, ihrer schlanken Gliedmaßen und ihrer Gesichtszüge. Ich seufzte und weinte, schluchzte und fing mich wieder. Wir sangen für sie, hielten sie und wuschen sie. Es war jemand da, der Bilder aufnahm – die, wie ich meine, wohl schönste Art, die Erinnerung an sie festzuhalten, sodass auch Ananda Mae in der Lage sein wird, ihre gemeinsame Zeit mit ihrer Schwester in Zukunft anzuschauen.

Es folgten Monate, ohne ein Ende in Sicht, in denen ich mich von den tiefgreifenden Auswirkungen der Trauer überfordert und zerrissen fühlte. War es, weil ich eine neue Mutter war oder weil ich trauerte? War ich eine schlechte Mutter, weil ich so oft traurig war? Ich sollte doch überglücklich sein mit meinem Baby. Es war, als ob ich die Hauptdarstellerin in einem Film war und darauf wartete, dass die Show zu Ende war, nur um festzustellen, dass es auch weiterhin kein Happy End geben würde.

Die Menschen rund herum waren mit der Situation ebenfalls überfordert. Einige machten hilflose Kommentare in der Absicht, ihr Mitgefühl zu zeigen, und ihrem Wunsch, dass unser Schmerz bald vorbei sei, Platz einzuräumen. Klischees schmerzten die sowieso schon verwundete Seele. Einige Male wollte ich argumentieren, bei anderen Kommentaren schüttelte ich nur ungläubig den Kopf. Mittlerweile weiß ich, dass diese Kommentare gut gemeint waren. Und trotzdem würde ich mir wünschen, dass wir als Gesellschaft besser ausgestattet wären mit dem Wissen, wie man trauernde Eltern unterstützen kann.

Ich hatte kaum gelernt, Mutter zu sein, als viereinhalb Monate später und meilenweit entfernt auf einem anderen Kontinent meine Mutter an Suizid starb. Meine Eltern hatten uns Wochen zuvor noch besucht. Kaum Mutter geworden, dann eine trauernde Mutter und nun auch noch eine trauernde Tochter sowie Halbwaise und das alles in einem viel zu kurzen Zeitraum.

Wieder wurde ich in tiefe, dunkle Trauer geworfen. Ich konnte es nicht glauben, war wütend, verzweifelt – alles im selben Moment. Ich konnte nicht unter Leute gehen und blieb zuhause. Ich konnte nicht sprechen. Ich konnte mir weder eine tiefgründige Bemerkung noch abgegriffene Lebensweisheiten anhören.

Ich bin sehr dankbar für einige meiner engsten Freunde, die während meiner Schwangerschaft, nachdem meine Töchter geboren wurden, und als Hope starb, wirklich da waren. Ihnen war bewusst, dass sie mit mir sein konnten, ohne mich trösten zu müssen oder meinen

Gefühlszustand verändern zu wollen. Ihre Unterstützung und Akzeptanz wurde ein wertvoller Teil meiner Heilungsreise. Was ich in den schwierigen Momenten noch konnte, war schreiben, und so schrieb ich viele Worte, einige öffentlich auf meinen Blogs und viele für mich persönlich.

Ich musste mich dann gleich noch mit einem anderen Tabuthema beschäftigen: Suizid in der Familie. Ich hatte keine Hemmungen, zu erzählen, was geschehen war. Durch die Reaktion der Leute bemerkte ich jedoch rasch die Unfähigkeit, sich mit so viel Kummer konfrontiert zu sehen, auch wenn der Kummer nicht ihrer war.

Die beiden Trauererfahrungen überschnitten sich und überschatteten mein Muttersein. Ich war mir der Notwendigkeit einer Therapie bewusst. Sobald ich bereit war, meine Tochter für ein paar Stunden bei meiner Schwester zu lassen, begann ich damit. Obwohl ich Medikamente eher mied, befürwortete ich den Vorschlag der Psychologin, mir Antidepressiva verschreiben zu wollen. Nicht nur für mich selbst, sondern auch für meine Familie, damit ich in der Lage war, zu funktionieren. Ich möchte mir nicht vorstellen, wie es mir ergangen wäre, hätte ich die Nachricht vom Suizid meiner Mutter ohne die Unterstützung einer Psychologin verarbeiten müssen.

Drei Wochen nachdem meine Eltern von ihrem Besuch bei uns nach Hause zurückgekehrt waren, standen wir an ihrer Türschwelle. Dieses Mal nicht zum Ferien machen, sondern zur Beerdigung meiner Mutter. Auf der nördlichen Hemisphäre war es Winter. So war es nicht nur kalt draußen, sondern auch in mir drin.

Die ‚Warum'-Fragen drehten sich in meinem Kopf. Keine Antwort füllte die Leere, die die Frage hinterlassen hatte. Auf der logischen Ebene machte Suizid überhaupt keinen Sinn.

WAS ICH GELERNT HABE …

Die Antwort, die die Frage wirklich befriedigen würde, habe ich immer noch nicht gefunden. Jetzt, drei Jahre später, lasse ich die Frage mehr oder weniger ruhen.

Beide Tode haben mich in meinem Innersten verändert. Ich verstehe nun den Begriff ‚The New Normal' (am besten übersetzt mit ‚Neue Normalität'): die Beschreibung des mentalen und emotionalen Zustandes eines Menschen nach dem Tode einer nahestehenden Person. Dieser Begriff wird oft für trauernde Eltern benutzt, aber ich denke, er trifft auch sehr gut auf überlebende Familienangehörige eines Suizidtodes zu. Ich empfinde es jedoch auch heute noch schwierig, zu akzeptieren, dass ich das Leben und mich selbst nicht mehr so erlebe wie vorher. Mein Ehemann, der zuvor ein sehr optimistischer Mensch war, hat an Vertrauen in das Leben und den Glauben, dass alles gut enden wird, eingebüßt. Ich erkenne meine stark veränderten Prioritäten. Meine Werte sind nicht mehr dieselben, die sie einmal waren.

Ich habe akzeptiert, dass meine Mutter nicht mehr physisch bei uns ist. Ich habe Freude daran, meine Tochter lachen, spielen, tanzen, singen und aufwachsen zu sehen. Gleichzeitig finde ich Akzeptanz für meine stetige Traurigkeit, für das Fehlen eines Geschwisters, einer Zwillingsschwester für Ananda Mae. Es fällt mir immer noch schwer, Zwillingen zu begegnen. Manchmal denke ich: ‚Warum ist es mir verwehrt geblieben, diese Erfahrung zu machen?', während ich den Stich der Eifersucht spüre. Ich weiß, das ist nur natürlich.

Ich erzähle Menschen, wenn sie fragen, dass wir zwei Töchter hatten und dass eine gestorben ist. Es ist meine Art, Hope in Ehren zu halten. Wenn die Frage jedoch sehr allgemein gehalten ist, oder ich die Leute kaum mehr wiedersehen werde, kann es sein, dass ich Hopes Leben in der Erinnerung für mich behalte. Ich habe ebenso keine Hemmungen, Menschen vom Tod meiner Mutter zu erzählen, wenn es die Situation erlaubt. Ich habe jedoch nicht mehr das Bedürfnis, es allen erzählen zu müssen. Die Reaktion der Menschen und das allgemeine Tabu rund um das Thema Suizid, vergleichbar mit dem Thema Tod eines Kindes, kann ich unterdessen besser verstehen.

Ob ich eine Frau bin, die ihr Kind verloren hat oder eine Tochter, deren Mutter an Suizid gestorben ist, ist unwichtig. Was Bedeutung hat, ist meine Absicht, die Tabus aufzulockern und Menschen zu ermutigen, über Fehlgeburt, Totgeburt, Kindstod oder Suizid zu sprechen. Es ist mein Herzenswunsch und Ziel, dass wir als Gesellschaft offener und ehrlicher über den Trauerprozess sprechen und somit einander besser unterstützen können.

Denn Trauer bleibt früher oder später niemandem erspart.

Mein beruflicher Hintergrund

Ich bin ausgebildete psychologische Beraterin und Coach mit dem Spezialgebiet Beziehungsfragen und Trauer. Ich habe jahrelang mit Klienten gearbeitet, die mit Trauer und Verlust gerungen haben, sei es durch Trennung und Scheidung vom Partner oder durch den Tod. Aufgrund meines Berufes würde man erwarten, dass ich auf meine persönliche Erfahrung vorbereitet war.

Ich war es nicht. Ich fühlte mich total hilflos und taub. Weder meine beruflichen Kenntnisse, noch mein Know-How oder meine Erfahrung verschafften mir Erleichterung, als ich durch den Verlust ging. Keine Vernunft oder Erkenntnis geben Absolution gegenüber dem Schmerz, der Leere und dem überwältigenden Gefühl des Verlustes.

Meine Ausbildung und meine praktische Erfahrung halfen mir, meine Gefühle und Gedanken als den Umständen entsprechend normal zu empfinden. Der Schmerz wurde dadurch jedoch nicht kleiner. Genau wie Zahnärzte nicht in der Lage sind, ihre eigenen Zähne zu verarzten, brauchte auch ich professionelle Hilfe im Umgang mit dieser Situation.

Zum Glück erkannte ich relativ früh, dass ich Hilfe brauchte. Meine Ärztin gab mir eine Empfehlung für eine Psychologin, die Erfahrung mit Trauer und Verlust hatte. Als Therapeutin benötigte ich jemanden, bei dem ich Patientin sein konnte.

Selbstakzeptanz und Verständnis

Alle trauernden Eltern haben eine persönliche Zeitlinie und sie verfügen über eine individuelle Art, wie sie trauern. Ich musste mir immer wieder versichern, das gilt auch für mich. Auch kann ich nicht mehr mit allen trauernden Kunden auf gleiche Weise arbeiten, seit ich die Unterschiede im Umgang mit Verlust ganz persönlich erlebt habe.

Es gibt zwei wichtige Aspekte in Bezug auf die Unterschiede in der Trauer: Verständnis und Akzeptanz. ‚Verständnis haben' bedeutet zu wissen, dass es Unterschiede gibt und was sie sind. ‚Akzeptanz' bedeutet, diese Unterschiede anzunehmen und sie nicht ändern zu wollen. Eventuell hast du vielleicht schon die Akzeptanz oder das Verständnis erfahren dürfen. Die beste Situation für dich ist, wenn du in der Lage bist, die Aspekte der Trauer sowohl zu verstehen als auch zu akzeptieren, vor allem in der Partnerschaft.

... und ich gehe immer noch diesen Weg

Drei Jahre später – ich bin sehr dankbar für die Beratung und Unterstützung meiner Therapeutin. Nicht alle trauernden Eltern wollen jedoch einen Therapeuten aufsuchen. Es gibt so viele Arten der Trauer, ebenso wie es Unterschiede zwischen trauernden Müttern und Vätern gibt. Einige von euch werden es vorziehen, dieses Buch zu lesen oder mit ihren Freunden sowie anderen trauernden Eltern zu sprechen. Wieder andere können gar nicht sprechen und verarbeiten es in sich selbst oder ausschließlich mit ihrem Partner.

Es kommen immer noch Tage vor, an denen ich mich schlecht und traurig fühle, unfähig mich nach außen zu wenden und frage, was das Leben zu bieten hat. Der Aufbau der Beziehung zu meinem neuen normalen Selbst ist ein kontinuierlicher Prozess.

3
DAS PAARTRAUER-INTEGRATIONS-MODELL

Du kennst wirkliche Freude erst, wenn du Schmerz und Trauer kennst. Diese Erfahrung und alles, was wir durchgestanden haben, integriere ich in mein Leben.
Carrie Fisher-Pascual

WIE EIGNE ICH MIR DIESES BUCH AN?

Trauernde Eltern, die ich für dieses Buch interviewt habe, wählten die folgenden Punkte aus, die sie als die wichtigsten für ihre Paarbeziehung erachteten:
- Das Verständnis für die unterschiedlichen Arten zu trauern
- Die Akzeptanz dieser Unterschiede
- Das Erlauben der individuellen Zeit, die der Einzelne zum Trauern braucht

Aufgrund dieses Feedbacks, besteht das Buch aus den folgenden Kapiteln:

Kapitel 3 führt in das ‚Paartrauer-Integrationsmodell' ein und zeigt die fünf Schritte, durch die eine Beziehung den Verlust eines Kindes als Paar überleben kann.

Kapitel 4 sowie 5 erläutern die Definitionen von Trauer und Verlust und zeigen die verschiedenen Arten des Trauerns auf.

Kapitel 6 befasst sich mit Paaren in Trauer und *Kapitel 7* vermittelt eine kompakte Übersicht über einige der wichtigsten Trauertheorien mit ihren Vorteilen und Einschränkungen.

Kapitel 8 thematisiert die Kommunikation und wie man sie als Paar nutzen kann, um sich gegenseitig zu unterstützen.

Kapitel 9 bis 12 widmen sich dem Thema Unterstützung: Sowohl die Unterstützung von außen, als auch von einem selbst und die, die man sich als Paar gegenseitig geben kann.

Kapitel 13 analysiert die verschiedenen Fragen, die sich verwaiste Eltern stellen. Zum Teil werden mögliche Antworten angeboten oder Wege aufgezeigt, wie wir mit den Fragen umgehen können, auf die es keine Antworten gibt.

Kapitel 14 erörtert Tipps und Vorschläge von betroffenen Eltern, die deinen Weg schon gegangen sind.

Zusätzliche Ressourcen und Leseempfehlungen findest du am Ende des Buches, zusammen mit den Details zu den Personen, die ich für dieses Buch interviewt habe.

Als Teil der einzelnen Kapitel dieses Buches findest du Kommentare, Geschichten und Zitate sowie Erkenntnisse von hinterbliebenen Eltern. Diese Eltern haben – genau wie du – den Tod eines Kindes erlebt.

Das Buch muss nicht unbedingt von Anfang bis Schluss gelesen werden. Ich ermuntere dich, die Kapitel zu lesen, die dich am meisten interessieren.

Die 5 Schritte, um den Verlust als Paar zu überstehen

Tod und Trauer sind Themen, die vielen Menschen unangenehm sind. Da wir den Verlust eines Kindes erfahren haben, wissen wir das aus persönlicher Erfahrung. Ihr als Paar habt eine gemeinsame Quelle für eure Erfahrung. Dennoch, auch wenn es sich bei der Quelle um dieselbe handelt, die Erfahrungen können sehr unterschiedlich sein. Wann, wo und wie sich die Erfahrungen unterschieden haben, ist der Punkt, an dem ihr als Paar miteinander arbeiten müsst, um verbunden zu bleiben.

Die wichtigsten Ursachen für Stress in der Beziehung nach einem Verlust:
- Paare haben verschiedene Arten des Trauerns und sind sich dessen nicht bewusst
- Paare scheitern daran, die Art ihres Partners zu erkennen, zu verstehen oder zu akzeptieren
- Paare denken oder fühlen, dass ihr Partner nicht richtig trauert
- Paare erwarten von ihrem Partner, so zu trauern wie sie selbst

Das Paartrauer-Integrations-Modell

In der Reise einer trauernden Person geht es weniger darum, was sie täglich durchstehen muss, sondern wer sie im Prozess des Weiterlebens ohne Kind wird.
Nathalie Himmelrich

Trauer ist individuell und einzigartig. Sie kann nicht ordentlich kategorisiert werden. Das folgende Paartrauer-Integrationsmodell (Paar-TIM) ist eben das: ein Modell. Es basiert auf den vier Stufen der Kompetenz oder das bewusste Kompetenzmodell des Lernens. Die ursprüngliche

Theorie des Lernens wurde vom Gordon Training Institute entwickelt und ist auf die Lehren von Abraham Maslow, einem amerikanischen Psychologen, zurückzuführen. Maslow wurde vor allem durch die ‚Hierarchie der Bedürfnisse' (Bedürfnispyramide) bekannt.

Mein Modell beinhaltet noch einen fünften Schritt, durch den die Trauer in das weitere Leben integriert wird.

Ich habe dieses Modell sehr effektiv sowohl persönlich als auch professionell mit Kunden angewendet, nicht nur in Bezug auf die Trauer von Eltern sondern auch in Bezug auf andere Verluste. Es ermöglicht dir und deinem Partner, den Punkt zu vergegenwärtigen, an dem ihr euch gerade befindet und darüber nachzudenken. Das Modell nimmt nicht den Schmerz der Trauer, erlaubt es aber, sie besser zu verstehen und den Prozess besser zu akzeptieren.

Ich akzeptiere deine Reise, bitte akzeptiere auch meine.
Carly Marie Dudley

ÜBERSICHT

Schritt 1   ZULASSEN
Schritt 2   BEWUSST WERDEN
Schritt 3   ANERKENNEN
Schritt 4   EINSTELLEN UND ANPASSEN
Schritt 5   INTEGRIEREN

Zulassen

Im ersten Schritt geht es um die erste Antwort auf den Verlust des Kindes. Du stehst unter einem Schock, der dich erstmal von der Überwältigung der Emotionen schützt. Es ist dir nur wenig bewusst, was rund um dich herum passiert. Deine Lebensenergie konzentriert sich darauf, dir durch Taubheitsgefühl und Unglauben die beste Unterstützung im Umgang mit diesem Schock zu geben. Diese Stufe erfordert, dass du deinen Erfahrungen Platz einräumst, indem du deinen Freunde und Familienmitglieder erlaubst, sich um dich zu kümmern.

Bewusst werden

In einem zweiten Schritt wirst du dir stärker bewusst, was passiert ist. Du versuchst, dich mit der unwiderruflichen Wirklichkeit des Todes auseinanderzusetzen. Du trauerst, weißt aber nicht, was zu tun ist. Emotionen, wie Wut, Traurigkeit, Schuldgefühle und Angst, gelangen an die Oberfläche, aber auch körperliche, verhaltensbezogene und kognitive Symptome werden Teil deines Leidens.

Anerkennen

Mit der Zeit und wenn du Schritt drei erreichst, bist du dir deines Prozesses bewusst und du versuchst, aktiv Wege zu finden, um Fortschritte zu machen. Das ist wahrscheinlich die Zeit, in der du Bücher zum Thema liest und mit anderen trauernden Eltern sprichst. Du beginnst, Schritte in Richtung deines neuen Lebens zu gehen, in dem der Verlust immer noch wichtig ist, aber sich vom Zentrum deines Lebens weg bewegt.

Einstellen und anpassen

Im vierten Schritt beginnt sich die Erinnerung an dein Kind in dein Leben zu integrieren. Bei gewissen emotionalen Auslösern ist die Trauer zu einer bekannten Reaktion geworden. Du bist mit ihr vertraut und in der Lage, mit der Reaktion dem Moment angepasst umzugehen. Je mehr Heilung stattfindet, je mehr bist du bereit, die Realität des Verlustes anzunehmen und zu akzeptieren. Du investierst Energie in den Aufbau eines Lebens nach dem Verlust. Du spürst deine Trauer immer noch, aber dieses Gefühl wird Teil deiner normalen Gefühle und Erfahrungen.

Integrieren

Der fünfte Schritt führt dich in die (vollständige) Integration des Verlustes in deinem Leben. Du denkst immer noch darüber nach. Du erkennst, was dir die Erfahrung geschenkt hat und bist dankbar für die

Entwicklung in deinem Leben seither. Die Erfahrung der Dankbarkeit und des Verständnisses stehen über der Trauer. Der Verlust hat einen fest integrierten Platz in deinem Leben gefunden und du konzentrierst dich auf andere Bereiche deines Lebens und die Zukunft vor dir.

SCHRITT 1 - ZULASSEN
(UNBEWUSSTE INKOMPETENZ)

Ich musste meinen Körper verlassen, um die Entbindung überstehen zu können.
Kiley Krekorian Hanish

Was du erlebst
- Der Verlust ist eben passiert, kann jeden Moment passieren, oder ist in naher Zukunft absehbar
- Der Schock, wenn du die Nachricht hörst, und die Gefühllosigkeit, wenn du versuchst, den Schock anzunehmen
- Die Ungläubigkeit und Ablehnung, gemischt mit dem Wissen, dass dies wirklich so sein kann
- Das Gefühl einer tiefen Trauer, Schluchzen ohne Kontrolle oder Scham
- Nicht mehr wissen, wie man ‚sich selbst' sein kann

Was du tun kannst
Jeder einzeln: Du wirst kaum imstande sein, etwas anderes zu tun, als deine Gefühle zuzulassen. Nimm dir Zeit und Raum, mit dir und deinen Emotionen präsent zu sein. Erlaube dir, soweit du kannst, der Trauer Platz einzuräumen. Die Emotionen sind intensiv und manchmal so unerträglich, dass du nur noch im Bett liegen und weinen kannst. Achte auf das Bedürfnis hinsichtlich der Zeit für dich alleine, der Gespräche mit deinem Partner oder jemand anderem. Nimm Unterstützungsangebote deiner Freunde und Familienmitglieder an.

Lass sie alltägliche Aufgaben, wie Kochen und Kinderbetreuung, übernehmen. Tu nur das, was sich für dich richtig anfühlt. Erinnere dich daran, die Art des Trauerns deines Partners so gut wie möglich zu akzeptieren, auch wenn sie anders ist als deine.

Zusammen: Du bist von deiner eigenen Erfahrung so eingenommen, dass du weder mentale noch emotionale Kapazität aufweist, dich um jemand anderen zu sorgen, nicht mal um deinen Partner. Das gilt im Besonderen für intuitiv Trauernde (siehe Kapitel 5).

Beide von euch versuchen, diese intensive erste Zeit nach dem Verlust zu überstehen – ihr habt gleichzeitig schwierige Entscheidungen zu treffen, wie, wen und was ihr in die Beerdigung eures Kindes miteinbeziehen und wie ihr euer Kind bestatten wollt. Achtet darauf, euch täglich Zeit für das Miteinander zu nehmen, in der ihr nichts Spezielles tun müsst. Stellt euch gegenseitig Fragen wie: „Was brauchst du?" – teilt euch gegenseitig mit, wie es euch geht. Denkt daran, dass es Unterschiede in der Art des Fühlens und des Ausdrucks der Emotionen gibt.

Lesenswert:
- ‚Verschiedene Arten des Trauerns' (Kapitel 5) wird dir helfen zu akzeptieren, dass die Art, wie du den Verlust erlebst, normal ist, auch wenn sie noch so unangenehm scheint oder du denkst, du drehst durch
- Kapitel 1 und Kapitel 2 helfen, deine Erfahrung zu normalisieren

Empfohlene Aktivitäten

Intuitiv Trauernde: Es gibt kaum Dinge, die du tun kannst, außer diese erste Phase zu überstehen.

Instrumentell Trauernde: Möglicherweise kümmerst du dich um deinen Partner und fokussierst dich darauf, Dinge zu erledigen, während du durch deine Trauererfahrung irrst. Denk daran, deinen persönlichen Weg der Trauer zu gehen. Zieh die Beschreibung von intuitiv und instrumentell Trauernden in Kapitel 5 zurate.

Um von Schritt 1 zu Schritt 2 zu gelangen
Das Bewusstsein des Verlusts wird allmählich geringer, während du dich zwischen Taubheit und Unglauben hin und her bewegst.

SCHRITT 2 – BEWUSST WERDEN
(Bewusste Inkompetenz)

> *Trauern ist intensiv und nonstop. Sogar wenn es ruhig ist und du da in deinem Stuhl sitzt, als ob du Löcher in die Luft starrst, die Intensität ist in dir drin.*
> Lori Ennis

Was du erlebst
- Verhandlungsphase
- Trauer und Wut
- Das Bewusstsein der Endgültigkeit des Todes kommt und geht, je nach Umständen wird dieses Bewusstsein weiter weggeschoben „Ich kann es nicht glauben", „Ich will das nicht spüren"
- Fragen wie „Warum ist das uns passiert?" gehen durch deinen Kopf
- Der Trauerprozesses wird bewusst und unvermeidbar
- Du trauerst, weißt jedoch nicht genau, was du machst und wie du dir selbst helfen könntest, dich besser und weniger traurig zu fühlen.

Was du tun kannst
Jeder einzeln: In einem Moment erlebst du starke Emotionen. In einem anderen Moment kannst du über das, was passiert ist, mit erweiterter Perspektive und Bewusstsein nachdenken. Du weißt, dass dein Leben ohne dein Kind weitergehen muss, aber diese Realität gefällt dir nicht. Traurigkeit und Wut reflektieren diese Dichotomie. Die mentale Aktivität erschöpft dich und du fragst dich, ob du den Verstand verlierst. Du wirst dir des Prozesses deiner Trauerbewältigung bewusst.

Es ist empfehlenswert, diesen Prozess und wie du damit umgehst, mit deinem Partner oder einer anderen Person zu besprechen. Wenn dir das hilft, dann lies Artikel oder Bücher zum Thema und/oder nimm an Online-Diskussionen in Gemeinschaften von trauernden Eltern teil. Erinnere dich daran, das Bedürfnis deines Partners nach Austausch oder Stille zu akzeptieren, auch wenn es sich von deinem Bedürfnis unterscheidet.

Zusammen: Du wirst dir der Unterschiede in der Weise, wie du und dein Partner trauert, bewusst. Dies kann zu Missverständnissen führen, da du der Meinung bist, dass dein Partner dich nicht versteht oder nicht richtig trauert. Richtet eure Aufmerksamkeit auf die Momente, wenn ihr einander beschuldigt oder eure unangenehmen Emotionen aufeinander projiziert. Finde heraus, wie dein Partner seine Trauer zeigt, oder redet miteinander, um dies zu ermitteln. Zeige deine Unterstützung, indem du die Emotionalität deines Partners annimmst, ohne davon ablenken oder sie reparieren zu wollen. Sprecht über Rituale, die ihr einrichten möchtet, um euer Kind in Erinnerung zu halten. Teilt eure Erinnerungen und Geschichten, diese werden euch durch die Trauer helfen.

Lesenswert
- ‚Verschiedene Arten des Trauerns' (Kapitel 5)
- ‚Kommunikation' (Kapitel 8)
- ‚Unterstützung' (Kapitel 9-12)

Empfohlene Aktivitäten

Intuitiv Trauernde: Beginne, in einem Tagebuch oder einem Blog über deine Erfahrung zu schreiben. Suche einen Therapeuten oder eine Selbsthilfegruppe, die du besuchen kannst.

Instrumentell Trauernde: Denke über ein Projekt nach oder beginne eines, das dir hilft, dein Kind zu ehren und in Erinnerung zu halten.

Um von Schritt 2 zu Schritt 3 zu gelangen

Die Trauerarbeit hilft dir, deine Reaktionen und Gefühle besser kennenzulernen. Suche nach Unterstützung von außen – sei es von einem Therapeuten, anderen trauernden Eltern oder in einem Gespräch mit empathischen Freunden – es wird dir helfen, deine Erfahrung als normal zu empfinden und dich in Richtung Akzeptanz zu entwickeln. Denke daran, dass der Nutzen der Reise durch die Trauer die Verarbeitung der Schmerzen ist.

SCHRITT 3 – ANERKENNEN
(Bewusste Kompetenz)

> *Ich fokussierte mich darauf, meine eigene Trauer zu managen und nicht die Trauer meines Ehemannes. Ich ließ ihn das selber machen.*
> Rachel Tenpenny Crawford

Erfahrung
- Deine Traurigkeit ist gekoppelt mit sich abzeichnender Akzeptanz
- Du lernst, auf deine eigene Art zu trauern
- Dein neues ‚Nach-Verlust-Selbst' entwickelt sich und du lernst dich neu kennen
- Je nachdem wie du trauerst, findest du eine Form, wie du den Verlust ausdrücken kannst: darüber sprechen, schreiben oder über ein Projekt zeigen
- Du siehst ein, dass du keine andere Wahl hast, als den Schmerz zu durchleben, auch wenn das unbequem ist
- Es geht allmählich besser, bis dich eine Erinnerung einholt

Was du tun kannst
Jeder einzeln: Wenn du nicht bereits damit begonnen hast, dann fang an, dich mit deinem Partner oder einer anderen Person auszutauschen,

um dich in Richtung mehr Verständnis und Akzeptanz für deinen Trauerprozess zu bewegen. Nochmal: Du musst die Realität, dass dein Kind gestorben ist und du trauerst, nicht mögen, um sie zu akzeptieren. Es ist von Vorteil, dich der Akzeptanz zu nähern, wenn du dich wieder im Leben einfinden willst. Es kann helfen, sich mit anderen trauernden Eltern auszutauschen, die eine ähnliche Tragödie erlebt haben, sei es durch persönliche Gespräche oder in Online-Foren. Erinnere dich, so gut es geht, daran und nimm das Bedürfnis deines Partners für Austausch oder Schweigen an, auch wenn es sich von deinem Bedürfnis unterscheidet. Werde dir deiner eigenen Bedürfnisse im Hinblick auf Kommunikation bewusst und halte sie auch ein. Du beginnst, die emotionalen Auslöser zu erkennen, die es dir ermöglichen, mehr von deinem Schmerz zu verarbeiten. Ob du es in diesem Moment oder später erledigst, liegt in deiner Hand.

Zusammen: Um eine Beziehung aus der ‚Nach-Verlust-Perspektive' neu zu definieren, ist es von Vorteil, wenn nicht sogar erforderlich, die unterschiedlichen Arten des Trauerns zu verstehen und zu akzeptieren. Dies gilt sowohl für die *Art und Weise*, wie du trauerst, als auch für die *Zeit*, die du dazu benötigst. Gegenseitige Akzeptanz muss gekoppelt sein mit gegenseitiger Unterstützung. Wenn ihr damit Probleme habt, dann empfehle ich einen Paartherapeuten mit umfangreicher Erfahrung in Trauer- und Traumaarbeit. Reflektiere auch über die sich ändernden sozialen Kontakte und Interaktionen, ohne darüber zu urteilen.

Lesenswert
- Alle übrigen Kapitel 4, 6 und 7
- ‚Kommunikation' (Kapitel 8)
- ‚Unterstützung' (Kapitel 9-12)

Empfohlene Aktivitäten
Intuitiv Trauernde: Fahre mit dem Tagebuch- oder Blog-Schreiben

fort, wenn du das als hilfreich empfindest. Übe dich darin, die Auslöser der Trauer zu erkennen und nutze die Achtsamkeit zu deinem Vorteil. Nimm dir dir Zeit zum Trauern, wenn nötig.

Instrumentell Trauernde: Es kann sein, dass du den Schmerz nicht mehr so oft spürst und du dich wunderst, warum dein intuitiver Partner immer noch traurig ist. Sei geduldig, zeige deinem Partner deine Unterstützung und deine Akzeptanz.

Um von Schritt 3 zu Schritt 4 zu gelangen
Übe und wiederhole Schritt 2 und Schritt 3.

SCHRITT 4 – EINSTELLEN & ANPASSEN
(Unbewusste Kompetenz)

> *Das Wichtigste war, zu versuchen, etwas Gutes in so etwas Schlechtem zu sehen.*
> *Nicole de Leon*

Was du erlebst
- Die Annahme des Verlustes ist der vorherrschende Zustand des Seins
- Du suchst nach einem geeigneten Platz für dein Kind in dir selbst, in deinem Herzen, in deinem Leben und in deinen Ritualen
- Du bist dir der Zeit um Geburtstage und Jahrestage bewusst und entscheidest bewusst, wie Du das Gedenken an dein Kind begehen möchtest
- Die meiste Energie fließt in das Leben nach einem Verlust, statt in die Trauer
- Dein Trauerprozess benötigt nicht mehr bewusste Bemühungen
- Obwohl du von Zeit zu Zeit Traurigkeit und Leere erlebst, kannst du auch Freude, Heilung, Lachen und Liebe in deinem Leben spüren

- Du hast dich dazu entschieden, dich wieder dem Leben zu widmen und es wieder aufzubauen

Was du tun kannst

Jeder einzeln: Die Folgen des Verlustes deines Kindes bleiben. Während du unbewusst noch mit ihnen und deiner Trauer beschäftigt bist, erlaubst du dir jedoch auch, dein Leben mit Freude zu erleben. Von Zeit zu Zeit bemerkst du die Trauer, sie hat aber nicht mehr denselben Effekt auf dein tägliches Leben. Vielleicht findest du dich in einem Gespräch über dein Kind, erinnerst dich und spürst seine Abwesenheit, während du gleichzeitig dankbar für seine Präsenz in deinem Leben bist. Die Integration von deinem neuen normalen Selbst in deinem ‚Nach-Verlust-Leben' ist ein kontinuierlicher Prozess, der wohl nie ganz beendet sein wird.

Zusammen: Dies ist der Punkt, an dem ihr an der Erhaltung und Neuschaffung eurer ‚Nach-Verlust-Beziehung' arbeiten müsst. Ihr seid beide durch die gemeinsame Erfahrung und das Vermissen eures Kindes für immer verändert. Du wirst dich weiterhin darin üben müssen, die Unterschiede zu akzeptieren, nicht nur in der Trauer. Da du ein neues normales Selbst bist, bedeutet dies ebenfalls, dass du in einer Beziehung mit einem neuen normalen Partner bist. Sei dir deiner Erwartungen bewusst, wenn du dir wünschst, dein Partner würde so sein und handeln wie früher.

Lesenswert

Wann immer du wünscht, öffne das Buch und lass dich inspirieren, das zu üben, was du neu gelernt hast.

Empfohlene Aktivitäten

Im Allgemeinen und vor allem mit der Zeit wünscht sich der instrumentell Trauernde dass der intuitiv Trauernde vorwärts kommt. Der intuitiv Trauernde wünscht sich vom instrumentell Trauernden, dass er mehr und offener zeigt, dass er sich immer noch an das Kind erinnert und über die Erinnerung sprechen möchte. Tauscht eure Erinnerungen aus und kommuniziert bewusst miteinander.

Um von Schritt 4 zu Schritt 5 zu gelangen
Die Integration wird sich mit der Zeit vertiefen. Die Zeit heilt nicht alle Wunden, sie hilft jedoch, vorwärts durch die Emotionen zu schreiten, die Teil des Trauerprozesses bilden.

SCHRITT 5 - INTEGRIEREN
(REFLEKTIVE UNBEWUSSTE KOMPETENZ)

> *Es ist etwas, mit dem man lernt zu leben, statt darüber hinweg zu kommen. Es ist o.k. mit deinen überlebenden Kindern zu lachen, mit deinem Mann auszugehen, gerade weil du mit der Tatsache des Todes für den Rest deines Lebens wirst leben müssen.*
>
> Karen Capucilli

Dies ist entfernter Schritt, den du vielleicht oder vielleicht auch nicht gehen wirst. Es ist nicht zwingend erforderlich, dass du ihn gehst. Manche trauernden Eltern wollen unter Umständen weder den Verlust integrieren, noch fühlt es sich für sie richtig an, mit Freude ins Leben zurückzukehren. Oder vielleicht ist es auch einfach zu früh, sich das vorzustellen.

Wenn du den Verlust in deinem Leben wirklich integrieren kannst, dann bist du auch in der Lage, von der Trauer wieder ins Leben aufzutauchen.

Was du erlebst
- Du akzeptierst und nimmst die Veränderungen deiner Selbst und deines Lebens mit einer überwiegend dankbaren Haltung auf

- Du integrierst den Verlust in dein Leben
- Du wertschätzt das Geschenk des Lebens des Kindes und integrierst es in deinem Eltern-Selbst
- Du wandelst die Trauer in eine Tätigkeit, die Erfüllung und Zufriedenheit in dein Leben bringt
- Du zelebrierst und ehrst die Erinnerung an dein Kind

Was du tun kannst
Sobald du die vorherigen Schritte gegangen bist, reflektiere sie erneut mit gewachsener Achtsamkeit und mit größerem Bewusstsein. Hier stehst du im Zentrum deines Lebens.

Es sind keine weiteren Schritte nötig.

Es ist meine persönliche Überzeugung, dass (ob du nun in deinem Leben an diesen Punkt kommst oder nicht), du die Vollendung deiner Lebensreise auf geistiger Ebene zu einem bestimmten Zeitpunkt erreichen wirst, wenn auch vielleicht in einem Leben nach dem Tod.

ABSCHLIESSENDE WORTE

Wie der Name schon sagt, handelt es sich um ein Modell. Es ist ein Wegweiser, der den Prozess eines trauernden Paares zusammenfasst. Du wirst in der Lage sein, dich mit gewissen Elementen zu identifizieren und mit anderen nicht. Das ist in Ordnung. Nimm davon, was für dich nützlich ist, um wieder ins Leben aufzutauchen. Erneuere deine Beziehung mit Akzeptanz und Verständnis für die individuelle Verarbeitungsweise der Trauer.

Du kommst nicht über den Tod hinweg. Du lernst, den Schmerz zu tragen und den Verlust in dein Leben zu integrieren. Du trägst die Verstorbenen in deinem Herzen. Du trauerst und du liebst. Du erinnerst dich an sie.

Paradoxerweise können Trauer und Verlust Geschenke sein, die Potenzial für große persönliche Entwicklung bieten. Mit dem Tod deines Kindes konfrontiert zu werden, ist ein einmaliges Erlebnis – in meinem Fall war es eine Erfahrung jenseits aller Worte, da ich während des Sterbeprozesses anwesend sein durfte. Ich bin und werde ewig dankbar sein, dass ich als ihre Mutter auserwählt wurde, sie zu gebären, und dass ich sie in meinen Armen halten durfte, als sie als Geistwesen wiedergeboren wurde.

Bei der Reise trauernder Eltern geht es weniger darum, was wir täglich durchstehen und mehr darum, wer wir durch diesen Prozess werden, wenn wir das Leben ohne unser Kind weiterleben.
Nathalie Himmelrich

4
TRAUER VERSTEHEN

*Den besten Ratschlag, den ich während der Beratung bekam:
Beurteile die Art des Trauerns deines Partners nicht. Gib ihm
die Freiheit, auf seine eigene Art zu trauern.*
                    Rachel Tenpenny Crawford

Es gibt unzählige voneinander abweichende Arten, wie Menschen ihre Trauer ausdrücken, erleben und sich darauf einstellen. **Die verschiedenen Trauerarten zu verstehen und zu akzeptieren, ist der Schlüssel für Paare, um den Verlust eines Kindes zu überstehen. Verständnis** ist hilfreich, aber nicht unbedingt nötig. Die **Akzeptanz** für den Weg deines Partners ist hingegen notwendig. Wenn du die Akzeptanz noch nicht gefunden hast, mach sie zu deiner obersten Priorität.

WAS DU LERNEN KANNST

Zunächst möchte ich dir einen umfassenden Überblick über unsere Trauererfahrungen als Mutter und Vater vermitteln. Die Trauer und ihre unterschiedlichen Ausdrucksformen zu verstehen, ist zentral für trauernde Eltern – auch in der Bewegung hin zu Akzeptanz. Deshalb werde ich später näher auf die Definitionen der verschiedenen Begriffe eingehen, die im Zusammenhang mit Trauer und Verlust stehen.

Meine Trauererfahrung

Zu Beginn schien der bevorstehende oder drohende Verlust unserer Tochter surreal und unmöglich zu akzeptieren. Als der Arzt in der 26. Schwangerschaftswoche den nahenden Tod prognostizierte, war ich schockiert und fassungslos. Hope war in mir und noch lebendig; es gab keinen Zweifel an ihren Bewegungen, dem Schluckauf, ihrem Stoßen und Drücken. Darüber hinaus hatte meine unverdrossene Frauenärztin gesagt: „Es ist noch zu früh, um so eine fatale Aussage zu treffen." Ich zog es vor, ihr Glauben zu schenken und hielt an dieser Hoffnung fest. Aber innerlich, war ich emotional erstarrt. Ich war nicht in der Lage, mit der Außenwelt zu kommunizieren, kaum in der Lage, mich aufrecht zu bewegen, als wir zurück zum Auto gingen.

Den Verlust zu akzeptieren, war für mich keine Option, da ich immer noch beide Mädchen lebend in mir trug. Und doch, ich war in stiller Trauer über den potenziellen Verlust, den Verlust unserer Träume und den Verlust der Hoffnungen für die eineiigen Zwillinge.

Um den Fragen („Wie fühlst du dich?" / „Freust du dich auf deine Zwillinge?") unwissender Leute aus dem Weg zu gehen, blieb ich zuhause. So gut wie möglich vermied ich es, Leute zu treffen. Ich schrieb und informierte jedoch meine Freunde und Familie. Auf diesem Weg musste ich die Prognose des Arztes nicht immer wieder erwähnen. Eigentlich lehnte ich das, was er gesagt hatte, ab, ich weigerte mich, es zu wiederholen und wollte es schon gar nicht von jemand anderem hören.

Zeitweise war ich mir meiner Schwangerschaft äußerst bewusst und genoss sie mehr als zuvor. Mir wurde klar, dass ich mit meinen Mädels zusammen war so lange es möglich sein würde. Mein emotionaler Zustand war wie eine Achterbahn, hoffnungsvoll in einem Moment und hoffnungslos sowie traurig im nächsten. Abgesehen von meinen

Schwangerschaftshormonen waren meine emotionalen Reaktionen auch Zeichen der vorausschauenden Trauer.

Andere Ärzte führten die nachfolgenden Ultraschalluntersuchungen durch, da ich dringend jemanden mit mehr Hoffnung und positivem Ausblick brauchte. Beim Ultraschall in der 34. Woche wurde klar, dass die Mädchen innerhalb weniger Tage geboren werden mussten. Meine Reaktion war gemischt: Überraschung, dass die Geburt innerhalb von 36 Stunden geplant war, und Traurigkeit darüber, dass ich nicht mehr schwanger sein würde – zudem Angst vor Hopes unbekannter Zukunft.

Nach dem absoluten Hochgefühl der Geburt fiel ich am dritten Tag in einen totalen Schockzustand und Taubheit, als wir entscheiden mussten, Hope gehen zu lassen. Jetzt sehnte ich mich danach, das Gefühl des Lebens in mir zu spüren. Innerhalb weniger Tage musste ich mich von der Schwangerschaft aufs Mutter werden und nicht mehr schwanger sein, dann auf das Mutter sein und gleich wieder auf das Leben einer verwaisten Mutter einstellen: drei wesentliche Lebensumstellungen innerhalb weniger Tage.

Tage, Wochen und Monate sorgen sich neue Eltern um ihr Neugeborenes. Mein Mann und ich waren nicht nur mit dem Füttern, Anziehen und Waschen unserer Neugeborenen beschäftigt, wir mussten uns auch von dem leblosen Körper unserer winzigen, jüngeren Tochter verabschieden. Die Zukunft, wie wir sie uns vorgestellt hatten, war nicht mehr möglich. Wir suchten nach dem Sinn in der Weite der Verzweiflung. Alle Schläuchlein oder Aufkleber, die in Verbindung mit ihrem Körper standen, die Bettlaken, auf denen sie zuletzt lag ... alles, was wir in Verbindung mit ihrer physischen Anwesenheit brachten, wurde für uns wichtig und zur einzigen physischen Erinnerung, die wir behalten konnten.

Es kam Wut auf: Wut auf alles und jeden, die Ungerechtigkeit des Lebens, das uns mit der neuen Elternschaft und dem Verlust eines Kindes gleichzeitig ringen ließ.

Und doch freuten wir uns über die Momente mit unserer lebenden Tochter. Zur gleichen Zeit sahen wir in ihr ihre eineiige Zwillingsschwester. Das Leben schien, als ob es nie wieder besser werden könnte. Obwohl ich gerade Mutter geworden war, war ich unfähig, mich als etwas anderes als eine trauernde Mutter zu fühlen. Ich war wütend auf die Ungerechtigkeit, eine untröstliche Mutter zu sein, wenn dieses Neugeborene doch nichts als eine glückliche und zufriedene Mutter verdient hätte, die mit verzücktem Blick in die Augen ihres erstgeborenen Babys schaut. Ich war eifersüchtig auf andere Mütter, vor allem Mütter von Zwillingen, und fragte mich, ob ihnen bewusst war, wie viel Glück sie hatten.

Nur viereinhalb Monate später kam der nächste Schlag: Meine Mutter beging Suizid. Trotz der Taubheit, dem Schock, der Hoffnungslosigkeit, der Verzweiflung und Verwirrung, die ich erlebte, funktionierte ich weiter. Das Leben machte keinen Sinn mehr, aber ich wurde gebraucht, als Mutter und Tochter. Ich hatte keine andere Wahl, als mich auf allen Ebenen durch den Schmerz des Verlustes zu arbeiten.

Mein Mann, meine Tochter und ich reisten von Australien nach Europa, um bei meiner Familie zu sein. Meine Eltern und meine Schwester hatten Australien nur 3 Wochen zuvor verlassen, nachdem wir zum ersten Mal als ganze Familie Weihnachten zusammen in der südlichen Hemisphäre gefeiert hatten. Jetzt waren wir wieder zusammen. Als Familie trauerten wir um unsere Mutter, Frau und Großmutter. Wir haben uns täglich darüber ausgetauscht, wie wir uns fühlten. Wir räumten unseren schwierigen Emotionen Platz ein. Eine interessante Verschiebung fand statt, da wir nun alle direkt von der Grenzenlosigkeit der Trauer betroffen waren.

Monate vergingen und ich fühlte mich leer und überfordert. Zusätzlicher Schlaf oder tagsüber zu schlummern half kaum. Natürlich musste ich mich um Ananda Mae kümmern, was mich dazu ermunterte, jeden Morgen aufzustehen. Selbst einfache Aufgaben waren auf einmal zu viel.

Jetzt, drei Jahre später, bin ich mir meines Bedürfnisses nach mehr Ruhe, weniger Aktivität, weniger Worte, mehr Zeit für mich selbst immer noch sehr bewusst. Und langsam hebt sich der Schleier der Trauer.

Damals schaute ich mein Gesicht im Spiegel an und fragte mich regelmäßig, wer diese Person sei. Ich erkannte mich selbst nicht mehr. War ich verrückt? Ich war verwirrt, vergesslich, und konnte kaum mehrere Sachen gleichzeitig tun – eine weitere meiner bisherigen Stärken, die verschwunden war und nicht mehr zurückkehrte. Der Alltag in meinem Hirn sah folgendermaßen aus: Gehirnnebel, das Gefühl ineffizient zu sein, mich wundern, ob ich an IQ eingebüßt hätte und zur gleichen Zeit über Worte stolpern, um einen Satz zu beenden.

Der Tod hat in den letzten Jahren eine ganz andere Bedeutung für mich angenommen. Ich dachte an die Verzweiflung meiner Mutter und die mutige Tat, ihr eigenes Leben zu beenden. Mutig nicht deshalb, weil ich es ihr gleich tun wollte, sondern weil ‚es sehr viel Mut braucht', wie sie selbst nach ihrem ersten Versuch sagte. Ich hatte das Gefühl der Angst oder Beklommenheit gegenüber dem Tod verloren. Ich war nicht lebensmüde, aber ich war müde vom Leben.

Über Monate hinweg und jetzt Jahre, habe ich mich täglich immer mehr daran gewöhnt, eine Tochter in meinen Armen und eine in meinem Herzen zu tragen. Ich habe gelernt, eine Mutter zu sein, ohne eine Mutter zu haben, die ich um Rat fragen könnte.

Ich fand neuen Sinn im Erschaffen und Erleben einer dauerhaften Verbindung mit sowohl meinen beiden Töchtern als auch meiner Mutter, während ich zur gleichen Zeit mein Leben neu schuf. Heilung und Wiederherstellung waren und sind tägliche Aufgaben und Entscheidungen. Es verlangt Zeit, bis das Vertrauen in das Leben wiederhergestellt ist. An gewissen Tagen geht es besser als an anderen.

Es bedeutet, einen Platz in meinem Herzen und meiner Seele für meine Tochter und meine Mutter zu finden, wo sie sein können, und gleichzeitig mein Leben weiterführen.

In Kontakt mit meinen Gefühlen zu sein, war mir nicht neu. Wenn ich jetzt eine Geschichte von einer Fehlgeburt oder einer Totgeburt höre, dann kommen mir die Tränen. Sehe ich einen Artikel über gesunde und zufriedene Zwillinge, dann spüre ich tiefe Traurigkeit. Ich weine nicht täglich, aber ich habe viele Tränen vergossen.

Ich bin glücklich über die Schwangerschaft einer Freundin. Dennoch spüre ich die Trauer in mir, während ich mich an meine Fehlgeburten zurückerinnere und meinen Herzenswunsch nach einem Geschwister für unsere Tochter spüre.

In Gänze ist es ein langer und mühseliger Weg, für mich zu lernen, mich an mein neues normales Ich zu gewöhnen, geschweige denn in einer Beziehung mit meinem neuen normalen Partner, Vater und Ehemann zu stehen. Er unterscheidet sich von der Person, die ich vor der Geburt und dem Tod unserer Tochter kannte.

Das ist es, was mit dem Überleben als Paar gemeint ist: eine neue Beziehung mit sich selbst und deinem Partner beginnen – die ‚Nach-Verlust-Beziehung'.

DEFINITIONEN – TRAUER VERSTEHEN

Trauer ist eine persönliche Erfahrung, einzigartig für jeden Einzelnen, jedoch mit universellen Charakteristiken.
Nathalie Himmelrich

Auch wenn Begriffe, wie ‚Trauer', ‚trauern', ‚präventive Trauer' (vorausschauende Trauer) und ‚Verlust', synonym verwendet werden, gibt es doch deutliche Unterschiede.

Ich möchte einige dieser Definitionen anführen, sodass du dich mit den Unterschieden vertraut machen kannst. Dies wird dir helfen, die Dynamik der verschiedenen Terminologien in Bezug auf den Verlust deines Babys/Kindes und deren Auswirkungen auf deine Beziehung als Eltern zu verstehen. Geh ruhig zum nächsten Kapitel ‚Verschiedene Arten der Trauer' (Kapitel 5), falls du das vorziehst.

> **REFLEKTIONEN FÜR TRAUERNDE ELTERN**
>
> Nimm dir einen Moment Zeit und reflektiere über deine Reise durch die Trauer. Nimm dir ein Notizbuch, dein Trauerreise-Notizbuch. Schreibe darin deine Einsichten und Gedanken zu den folgenden Fragen nieder:
>
>
>
> - Was hast du erlebt, das du als nicht in Ordnung, unvernünftig, zu viel oder nicht normal verurteilt hast?
> - Was hast du deinen Partner erleben sehen, das du als nicht in Ordnung, unvernünftig, zu viel oder nicht normal verurteilt hast?

Verlust

Traditionell stehen sowohl Verlust als auch Trauer in einem engen Zusammenhang mit dem Tod. Verlust ist ein sehr umfassender Begriff, der auch das Ende einer Beziehung mit einer Person (relationaler Verlust) oder einer Sache, den Verlust eines Jobs (situativer Verlust) oder eines physischen Gegenstandes (physischer Verlust) bezeichnen kann. Es existieren auch Entwicklungsverluste, wie z.B. eine selbstständige erwachsene Person zu werden (Verlust der Betreuung durch die Eltern, Gewinn der Unabhängigkeit). Die Entwicklungsverluste tragen oft einen Gewinn in sich, wie das Beispiel in Klammern zeigt.

Verliert man ein Kind oder Baby beinhaltet das auch symbolische Verluste: Träume und Wünsche der Eltern für das Kind; Hoffnungen für die Zukunft ihres Kindes; Visionen für die Zukunft als Familie. Das Bild der Elternschaft wird erschüttert, vor allem, wenn das erste Baby im Mutterleib durch Totgeburt stirbt oder wenn das einzige Kind stirbt.

Das Verständnis von sekundären Verlusten – den Verlust oder die Schäden, die als Folge eines primären Verlustes auftreten – ist wichtig. Der Verlust eines Kindes kann vom Verlust des Erlebnisses, das

Kind aufwachsen zu sehen, ein Erwachsener zu werden, der Verlust der potenziellen Enkel, Hoffnungen, Träume, und vielleicht sogar den Verlust des religiösen Glaubens beinhalten. Es ist wichtig, daran zu denken und die sekundären Verluste zu identifizieren, denn auch um sie müssen wir trauern (Rando, 1993).

Verschiedene Verluste lösen unterschiedliche Reaktionen und gesellschaftliches Bewusstsein aus. Dies zeigt sich besonders im unterschiedlichen Grad der Unterstützung, den verwaiste Eltern erhalten. Ein Verlust durch Fehlgeburt, der nicht öffentlich mitgeteilt wird, wird nur beschränkt Unterstützung erfahren. Im Allgemeinen wird der Verlust, je früher er in der Schwangerschaft auftritt, desto geringer in den Augen der Öffentlichkeit gewichtet. Die Intensität des Verlusts korreliert stärker mit der Bedeutung, die wir der Schwangerschaft zuweisen, als mit der Länge der Schwangerschaft. Ich hatte eine Fehlgeburt, als ich 44 Jahre alt war. Angesichts der Unwahrscheinlichkeit einer weiteren Schwangerschaft erlebten wir dies als großen Verlust: den Verlust der Möglichkeit ein zweites Kind zu haben, Verlust einer Zukunft mit einem Geschwister für unsere Tochter und der Verlust der Möglichkeit, eine Familie mit zwei Kindern zu sein.

> *Nur weil wir jemanden verloren haben, heißt das noch lange nicht, dass wir uns selbst verlieren müssen.*
> *Tamara Gabriel*

Trauer und Trauerarbeit

Beides sind Reaktionen auf den Verlust. Sie werden oft als die Spannung beschrieben, die durch den Konflikt zwischen dem, was war, was nicht mehr sein wird, und der Ungewissheit darüber, was sein könnte, entsteht. Es ist der Übergang zwischen der Welt, wie du sie vor dem Verlust kanntest, und der ‚neuen Normalität'.

Bei der Trauer geht es darum, im Innern und Äußeren Veränderungen vorzunehmen, um sich auf die Welt nach dem Verlust einzustellen. Trauer beschreibt den Prozess des Wandels in der Beziehung mit dem Verstorbenen. Es geht darum, wieder Sinn zu finden und Lebensenergie an anderer Stelle zu investieren.

Je nachdem, wo ihr – du und dein Partner – euch in diesem Prozess befindet, mögt ihr möglicherweise momentan keinen Sinn finden. Am Anfang der Trauer vergeht kein Augenblick, ohne Gedanken daran, dass dein Kind nicht mehr physisch anwesend ist. Die Zeit wird helfen, sich darauf einzustellen. Das Lesen von Büchern oder Artikeln von anderen hinterbliebenen Eltern wird dir Einsichten schenken, wohin du dich bewegst. Sei jedoch vorsichtig beim Vergleichen deines Prozesses mit der Trauerreise anderer. Trauer ist eine sehr persönliche Reise ohne vorgegebene Zeitlinie oder vorgeschriebenen Prozess.

Im Folgenden werden die Begriffe zu den verschiedenen Arten von Trauer bestimmt:

- Normale Trauer
- Vorausschauende Trauer
- Komplizierte Trauer
- Chronische Trauer
- Verzögerte Trauer
- Verzerrte Trauer
- Verlängerte Trauer
- Übertriebene Trauer
- Maskierte Trauer
- Entrechtete Trauer
- Traumatische Trauer
- Kollektive Trauer
- Gehemmte oder verdrängte Trauer
- Verkürzte Trauer
- Abwesende Trauer
- Kumulative Trauer
- Plötzliche oder traumatische Trauer
- Pathologische Trauer

Normale Trauer existiert als solche nicht. Als trauernde Eltern wisst ihr, dass es nichts gibt, was sich normal anfühlt in dieser Situation. Trauer fühlt sich an, als ob man verrückt wird. Normale Trauer ist die Trauer, die die zu erwartenden Reaktionen zeigt, wie sie in Kapitel 5 unter dem Titel ‚Reaktionen und Antworten auf die Trauer' beschrieben werden. Vom therapeutischen Gesichtspunkt aus betrachtet, wird der Verlauf der Trauer als normal angesehen, wenn du dich nach und nach hin zur Akzeptanz des Verlustes bewegst und mit der Zeit wieder in der Lage bist, dich alltäglichen Aktivitäten zu widmen. Man nennt dies auch unkomplizierte Trauer.

Vorausschauende Trauer wird angezeigt, wenn der Tod zu erwarten ist, z.B. wenn dein Kind unheilbar krank ist und nur noch wenige Tage, Wochen oder Monate zu leben hat. Vorausschauende Trauer ist anders als die Trauer, die nach dem eigentlichen Tod folgt. Sie kann sehr verwirrend sein. Auch wenn dein Kind noch am Leben ist, können emotionale Reaktionen, wie Wut, Verzweiflung und Ablehnung, erlebt werden.

Als Elternteil spürst du Trauer über den Verlust von Hoffnungen, von Träumen und Plänen, die du als Familie hattest, oder den Verlust der Wünsche für die Zukunft deines Kindes. Die Chance, wichtige Zeit miteinander zu verbringen, um sich zu verabschieden, kann Eltern ein Gefühl von Frieden und Abschluss geben.

Komplizierte Trauer ist eine Reaktion, die außerhalb der Normalität des Trauerprozesses liegt, entweder durch eine verlängerte Trauerzeit oder durch Reaktionen, die unverhältnismäßig scheinen.

Als Elternteil kannst du für komplizierte Trauer anfällig sein, wenn du ein geringes Selbstwertgefühl, mangelndes Vertrauen in andere, frühere psychiatrische Störungen hast/hattest, oder bereits frühere Suizid-Drohungen oder Versuche unternommen hast. Zudem ist das Risiko erhöht, wenn Familienmitglieder abwesend oder nicht hilfreich sind, inklusive deinem Partner, wenn du ambivalent, abhängig, oder unklar in deiner Beziehung zum verstorbenen Kind bist. Ein größeres

Risiko für komplizierte Trauer liegt vor, wenn ein Kind – unabhängig vom Alter – vor einem Elternteil stirbt oder wenn der Tod unerwartet eintritt, durch Suizid oder Mord. Wenn du oder dein Partner das Gefühl habt, dass diese Beschreibung zutrifft, sprecht mit einem Arzt.

Chronische, verzögerte oder verzerrte Trauer sind sämtlich zur komplizierten Trauer gehörig.

Chronische Trauer zeigt sich als starke Trauerreaktion, die auch über einen längeren Zeitraum nicht abklingt. Wenn du dich als Mutter oder Vater Jahre später immer noch unfähig fühlst, an normalen alltäglichen Aktivitäten teilzunehmen oder extreme Verzweiflung über den Verlust spürst, wende dich bitte an einen Arzt.

Verzögerte Trauer ist Trauer, die lange, nachdem dein Kind gestorben ist, auftaucht. Das kann passieren, wenn die Realität des Schmerzes zur Zeit des Todes bewusst oder unbewusst verdrängt worden ist.

Verzerrte Trauer ist eine Reaktion, bei der die trauernde Person eine intensive, extreme und atypische Reaktion auf den Verlust zeigt, z.B. selbst-destruktive Aktionen oder extreme Veränderungen im Verhalten. Feindseligkeit und Wut auf sich selbst und andere sind ebenfalls häufige Reaktionen.

Verlängerte (prolongierte) Trauer ist vergleichbar mit chronischer Trauer, bei der die Reaktionen verlängert und intensiviert sind. Chronische Trauer wird zur verlängerten Trauer, wenn du als Elternteil nicht in der Lage bist, für deine anderen Kinder zu sorgen. Das gilt ebenfalls, wenn du auch nach einem längeren Zeitraum den täglichen Anforderungen nicht gewachsen bist, Suizidgedanken hast, dich nach einem Wiedersehen mit deinem Kind sehnst und dich nicht an ein Leben ohne dein Kind anpassen kannst. Wenn du Symptome der verlängerten Trauer feststellst, sprich mit einem Arzt.

Übertriebene Trauer definiert durch die Reaktionen auf die Trauer, die extrem oder übermäßig sind. Zu den Reaktionen gehören Alpträume, Drogenkonsum, abnormale Angst, Suizidgedanken und die Entstehung von psychischen Erkrankungen. Du kannst Spuren einer übertriebenen Trauer feststellen, wenn die normalen Trauerreaktionen mit der Zeit immer schlimmer und intensiver werden.

Maskierte Trauer ist eine Reaktion, bei der du in deinem normalen Funktionieren beeinträchtigt bist. Es kann sein, dass du die Symptome und Verhaltensweisen gar nicht erkennst, weil sie oft als physische Symptome oder abnormale Verhaltensweisen getarnt sind. Erkundige dich bei deinem Arzt für den Fall, dass du außergewöhnliche körperliche Symptome oder abnormes Verhalten feststellst.

Entrechtete (unterdrückte) Trauer ist die Trauer über einen Verlust, der nicht offen anerkannt oder öffentlich betrauert werden kann oder sozial sanktioniert wird. Als Eltern seid ihr anfällig für entrechtete Trauer, wenn der Verlust nicht anerkannt wird, zum Beispiel im Fall eines pränatalen Todes, Abtreibung oder nachdem ein Kind zur Adoption freigegeben worden ist. Entrechtete Trauer kann auch unterdrückte Trauer genannt werden.

Traumatische Trauer ist eine normale Trauerreaktion bei einem schrecklichen, unerwarteten, gewalttätigen oder traumatischen Tod deines Kindes. Dazu gehören Unfälle, Mord, Entführung, Misshandlung oder Grausamkeit. Sowohl Trauma als auch Trauer müssen behandelt werden. Die Erfahrungen können so intensiv sein, dass es dir nicht mehr möglich ist, im Alltag normal zu funktionieren.

Kollektive Trauer ist eine Reaktion, die kollektiv von einer Gruppe, wie zum Beispiel einer Gesellschaft, einem Dorf, einer Gemeinschaft oder Nation, erlebt wird. Dies geschieht gewöhnlich bei einem Vorfall, bei welchem es zu zahlreichen Todesfällen gekommen ist, wie z.B. einer Schießerei in einer Schule oder einem Schulbusunfall, bei welchem gleichzeitig viele Eltern betroffen sind.

Gehemmte oder verdrängte Trauer ist daran abzulesen, dass der Trauernde über einen längeren Zeitraum keine äußeren Zeichen der Trauer zeigt. Als Mutter kann deine Trauer gehemmt sein, wenn du eine Abtreibung hattest und nicht willst, dass die Leute davon erfahren, zum Beispiel, wenn deine Schwangerschaft aus einer außerehelichen Affäre, einem Missbrauch oder einer Vergewaltigung resultierte. Dies kann zu physischen und somatischen Beschwerden führen.

Verkürzte Trauer ist eine kurzzeitige Trauerreaktion. Die Trauerphase scheint kürzer, da die Rolle des verstorbenen Kindes sofort mit jemandem/etwas anderem ersetzt wird. Ich persönlich sehe nicht, wie diese Art von Trauer von hinterbliebenen Eltern, zumindest in westlichen Kulturkreisen, erlebt werden kann, auch wenn sie, kurz nachdem sie ihr Kind verloren haben, eine neue Schwangerschaft erleben. Ich kann mir nicht vorstellen, dass jemand oder etwas in der Lage ist, dein Kind zu ersetzen und somit die Trauer signifikant zu verkürzen.

Abwesende Trauer ist der Begriff, der verwendet wird, wenn die Hinterbliebenen keine Anzeichen von Schmerz zeigen und so tun, als ob nichts geschehen wäre. Wie trauernde Eltern nach der anfänglichen Phase des Schocks oder der Leugnung des Todes ihres Kindes unberührt bleiben können, scheint kaum erklärlich. Nur weil jemand nicht realisiert, dass die Betroffenen trauern, bedeutet es nicht, dass sie es nicht tun. Im Gegenteil, die Trauer wird eventuell auf einer anderen Ebene erlebt. (siehe ‚Die Reaktionen und Antworten auf die Trauer' in Kapitel 5)

Kumulative Trauer tritt auf, wenn eine Person mehrere Verluste oder Todesfälle in zügiger Abfolge erleidet. Da ein Verlust schnell nach dem anderen passiert, ist es unmöglich, den ersten Verlust vollständig zu betrauern. Aus diesem Grund kann es sein, dass Jahre später ein nachfolgender Verlust die Wunde der unaufgearbeiteten früheren Trauer erneut öffnet.

Plötzliche oder traumatische Trauer nennt sich die Trauerreaktion, wenn der Tod plötzlich und ohne Vorwarnung eintritt und daher keine Zeit für Vorbereitungen bleibt. Dies ist oft der Fall bei pränatalem Tod, Totgeburt, beim unerwarteten Tod eines Neugeborenen und im Fall von plötzlichem Kindstod. Es kann auch entstehen, wenn euer Kind durch Mord oder Suizid starb.

Pathologische (krankhaft veränderte) Trauer tritt ein, wenn der Schmerz die betroffene Person chronisch davon abhält, normal zu funktionieren. Die Person erlebt intensive Trauerreaktionen, ist vom Ausmaß der Trauer überwältigt, verharrt im Zustand der Trauer und kommt dem Abschluss des Trauerprozesses über längere Zeit keinen Schritt näher. Diese Art von Trauer erfordert eine medizinische Behandlung.

Das Trauern

Im Englisch gibt es den Begriff ‚Mourning', der die äußeren Charakteristika der Trauer bezeichnet. Mit ‚Mourning' ist die Summe der Reaktionen und äußeren Anzeichen gemeint, wie zum Beispiel das Tragen schwarzer Kleidung oder eines schwarzen Armbandes, das Weinen, Trauern und Fahnen auf Halbmast zu hängen.

Rituale und Gewohnheiten rund um den Tod machen die kulturellen Unterschiede des Trauerns deutlich – es existieren ebenfalls unterschiedliche Ansichten darüber, wie lange man trauern sollte. Viele kulturelle Trauerrituale haben ihre Wurzeln in einer der großen Religionen oder Traditionen.

Der Verlust

Im Englisch wird zusätzlich noch der Begriff ‚Bereavement' benutzt, welcher im Deutschen etwa den Begriffen ‚Trauerfall' oder ‚Schmerzlicher Verlust' am nächsten kommt. Damit wird die Situation beschrieben, von einem wertgeschätzten Menschen durch den Tod getrennt worden zu sein. Es wird oft synonym mit Trauer verwendet und definiert die Reaktionen auf einen erheblichen Verlust.

Im Fall vom Verlust eines Babys oder Kindes werden oft die Begriffe ‚trauernde oder verwaiste Eltern' und ‚elterliche Trauer' verwendet, um auf den speziellen Trauerprozess der Eltern zu verweisen.

5

Verschiedene Arten des Trauerns

Als meine Frau und ich unseren Sohn verloren, war unsere Erfahrung ähnlich und doch sehr verschieden. Für sie war es, als ob sie in einem Sturm gefangen war, und sie erinnert sich kaum mehr an die sechs Monate nach dem Verlust. Für mich war es, als ob alles, was ich kannte, auf den Grund abgebrannt war, vom Feld oder Wald blieb nichts als glimmende Asche übrig. Wie konnte ich den Sinn in einer Welt finden, in der so etwas passieren konnte?

Sean Hanish

Was du lernen kannst

In diesem Kapitel sollen verschiedene mögliche Reaktionen und Antworten auf den emotionalen, mentalen, spirituellen und physischen Ebenen beleuchtet werden. Danach werde ich die Unterschiede zwischen instrumentellem und intuitivem Trauern, männlichem und weiblichem Trauern sowie Trauer für Kinder und Jugendliche aufzeigen. Zum Schluss eröffne ich eine kompakte Sicht auf die kulturellen Variationen.

Reaktionen und Antworten auf die Trauer

Mögliche Reaktionen können auf der emotionalen, physischen, kognitiven und spirituellen Ebene sowie auf der Verhaltensebene erlebt werden. Wie im Nachfolgenden bei den Differenzierungen zwischen der instrumentellen und intuitiven Trauer besprochen wird, trägt dies weiter zum Verständnis der Unterschiede in der Art und Weise bei, wie du und dein Partner mit Trauer umgehen.

Emotionale Reaktionen:
- Traurigkeit
- Schock
- Wut
- Schuldgefühl
- Eifersucht
- Angst und Furcht
- Scham
- Erleichterung
- Gefühl machtlos, hoffnungslos, hilflos zu sein
- Gereizt und frustriert sein
- Einsamkeit
- Sehnsucht oder Verlangen nach dem Kind
- Taubheitsgefühl
- Depressionen
- Mangel an Kontrolle
- Unmut
- (Trauer-)Schmerzattacken

Es ist normal, dass du als trauernde Mutter oder Vater alle möglichen emotionalen Reaktionen erlebst – sogar gleichzeitig widersprüchliche.

Es kann sein, dass du dich selber nicht wiedererkennst oder nicht verstehst, warum du nicht wie üblich reagierst. Du ringst mit Selbstzweifeln.

Erkenne, dass emotionale Reaktionen nur eine Art darstellen, wie man Trauer zum Ausdruck bringen kann. Es muss sich dabei nicht um den besten Weg durch die Trauer handeln.

Physische Reaktionen:
- Kopfschmerzen
- Übelkeit
- Müdigkeit
- Appetitlosigkeit
- Schlaflosigkeit
- Empfindlichkeit auf unterschiedliche Reize, insbesondere Lärm
- Muskelverspannung
- Erschöpfung
- Schmerzen
- Mangel an Energie
- Engegefühl in der Brust
- Kurzatmigkeit

Körperliche Schmerzen können der durch die Trauer generierten Energie ein Ventil bieten. Die meisten Menschen erleben eines oder mehrere körperliche Symptome, andere wieder erleben Trauer sogar überwiegend über physische Reaktionen. Wie schon vorher angeführt, sind körperliche Reaktionen nur eine Möglichkeit und weder besser noch schlechter als emotionale Reaktionen.

Lass dich untersuchen, wenn du in der Trauer körperliche Beschwerden hast, damit allfällige andere Ursachen ausgeschlossen werden können. Auch solltest du daran denken, dass körperliche Betätigung immer hilft, mit Stress umzugehen und deshalb wichtig ist.

Kognitive Reaktionen:
- Unglauben
- Obsessives (zwanghaftes) Denken
- Apathie oder Taubheitsgefühl
- Unfähigkeit, sich zu konzentrieren oder zu erinnern
- In Schleifen denken und kontinuierlich durch ‚Was-wäre-wenn'-Szenarien gehen
- Desorientiertheit und Verwirrtheit
- Fehlen von Motivation und Konzentration
- Vermindertes Urteilsvermögen
- Einen Schuldigen finden oder etwas kaputt machen wollen, um den eigenen Schmerz zu kontrollieren
- Träumen
- Verminderte Selbstbetreuung
- Leere
- Die Bilder des Verlustes immer wieder abspielen

Auch mit kognitiven Reaktionen versucht man, dem Verlust einen (wie auch immer gearteten) Sinn abzugewinnen. Es ist normal, dir die ‚Warum?'-Frage zu stellen, nicht nur in der unmittelbaren Zeit nach dem Verlust deines Babys oder Kindes, sondern in einigen Fällen auch Monate oder Jahre später (siehe ‚Die Frage der Theodizee' in Kapitel 10).

Darüber zu sprechen, sei es mit deinem Partner, einem Freund, Familienmitglied oder einer professionell dafür ausgebildeten Person, kann helfen, zwanghaftes Denken zu vermindern.

Reaktionen auf der Verhaltensebene:
- Einnahme von Schlafmitteln oder zu viel Schlaf
- Verlust oder Veränderung des Appetits
- Zunehmender Konsum von Alkohol, Drogen und/oder anderen verschreibungspflichtigen Medikamenten, um Schmerzen zu lindern

- Unberechenbares und unkontrollierbares Weinen/Schreien
- Leichtsinnige oder unkontrollierbare Aktionen
- Einen Altar aufstellen und spezielle Objekte mit sich tragen
- Sachen intakt halten; das Kinderzimmer deines Kindes, Kleidung und Spielzeug
- Fotos anschauen
- Vermeidung von Erinnerungen, die Trauer wecken könnten
- Änderungen in der täglichen Routine

Einige der genannten Verhaltensweisen sind gesund und normal. Gesundheitsschädliche Verhaltensweisen können anfänglich dazu beitragen, mit dem Schock fertig zu werden, müssen aber nach einiger Zeit angepasst werden. Sie sind in der unmittelbaren Zeit nach dem Verlust verständlich. Hol dir professionelle Hilfe, wenn du diese Verhaltensweisen nicht ablegen kannst.

Spirituelle Reaktionen:
- Im Verlust einen Sinn suchen
- Veränderungen der Gefühle oder des Verhaltens in Bezug auf den spirituellen oder religiösen Glauben
- Die Gegenwart des verstorbenen Kindes spüren
- Die Suche nach einer neuen Lebensform ohne dein Kind oder Baby
- Die Existenz Gottes (oder deiner persönlichen Religion) infrage stellen: ‚Wie kann Gott das zulassen?'
- Der Frage nachgehen, ob du dein Kind wiedersiehst, wenn du stirbst

Ob ein starker religiöser Glauben in deinem Heilungsprozess hilfreich ist oder nicht, hängt davon ab, was du glaubst und wie dein Glauben (in Bezug auf Trauer) praktiziert wird. Wie bei jedem anderen Werkzeug kann Religion auf gesunde und geeignete Art eingesetzt werden – jedoch auch auf ungesunde und unangebrachte Weise missbraucht werden.

Weder Religion noch spiritueller Glauben schenken uns Immunität vor dem Verlust oder geben uns unsere Kinder zurück. Meiner Ansicht nach nützt es nichts, wenn du annimmst, dass der Verlust deines Kindes etwas mit Strafe oder Karma zu tun hat.

Wenn du trauernde Eltern unterstützt, zwinge ihnen deine eigenen Überzeugungen nicht auf und versuche auch nicht, ihren Schmerz durch wenig hilfreiche geistige Klischees zu lindern, wie: ‚Dein Kind war so besonders, dass Gott es zu sich gerufen hat.' Was Menschen glauben und praktizieren, kann und wird sich ändern – speziell nach dem Verlust eines Kindes.

Meine persönliche, spirituelle Überzeugung durch meine Erfahrung mit Tod und Trauer:
Durch die Kontakte, die ich mit meiner Tochter Hope und meiner Mutter hatte und immer noch habe, zweifle ich keinen Moment daran, dass sie, obwohl sie ihre physische Form zurückgelassen haben, immer noch in einer Beziehung zu mir stehen. Es ist für mich eindeutig, dass meine eigene menschliche Wirklichkeit mich meine Mutter vermissen lässt und mich wütend auf sie macht, weil sie nicht mehr da ist. Gleichzeitig jedoch habe ich ihre Entscheidung auf geistiger, spiritueller Ebene akzeptiert und integriert. In Bezug auf meine Tochter Hope glaube ich, dass sie gar nicht in physischer Form hätte geboren werden sollen, es aber mir, ihrer Mutter, zuliebe tat, um wenigstens drei Tage bei uns zu sein. Sie kam als Reisebegleiterin von Passion, ihrer Zwillingsschwester, um ihr während der Zeit in der Gebärmutter Gesellschaft zu leisten. So schmerzhaft es für mich als Mutter ist, mit der Sehnsucht leben zu müssen, dass meine Tochter nicht mit uns aufwachsen wird, glaube ich doch, dass dies dem Lebensplan entspricht, den wir gemeinsam ausgesucht haben.

> **REFLEKTIONEN FÜR TRAUERNDE ELTERN**
>
> Es ist deine persönliche Wahl, als verwaiste Mutter oder Vater in Bezug auf deinen Verlust und dein Kind das zu sagen oder zu glauben, was du möchtest. Wenn andere Aussagen machen, die für dich nicht stimmen, lass sie wissen, dass dies für dich nicht hilfreich ist. Denke daran, deine eigenen spirituellen oder religiösen Überzeugungen nicht auf andere trauernde Eltern zu übertragen, egal wie hilfreich du sie findest oder wie stark du daran glaubst.
>
> Nimm dir einen Augenblick Zeit und reflektiere über deine Trauerreise. Hole dir dein Trauerreise-Notizbuch und schreib deine Erkenntnisse zu den folgenden Fragen nieder:
>
>
> - Wie könnte ich auf gut gemeinte Aussagen reagieren, die mir nicht weiterhelfen?
> - Was könnten andere sagen, das mir helfen würde? Wie könnte ich sie darauf aufmerksam machen?

VERSCHIEDENE ARTEN DES TRAUERNS

> *Es gibt viele verschiedene Arten, wie Menschen Trauer erleben, ausdrücken und sich anpassen. Affektiv orientierte Strategien sind eine Möglichkeit, aber andere Strategien, die auf Aktivitäten oder Wahrnehmungen aufbauen, können genauso effizient sein.*
>
> Kenneth J. Doka, Terry L. Martin

Intuitiv und instrumentell trauern

Kenneth Doka und Terry Martin, die Autoren des Buches *Grieving Beyond Gender: Understanding the Ways Men and Women Mourn*, entwickelten das Konzept der zwei Trauermuster: das intuitive und das instrumentelle Trauern. Intuitiv Trauernde drücken ihren Schmerz auf affektive Weise aus, was bedeutet, dass sie sich anpassen, indem sie Emotionen zeigen. Instrumentell Trauernde erleben den Schmerz physisch, z.B. durch innere Unruhe oder auf kognitiver Ebene. Sie adaptieren, indem sie die Situation durchdenken und dem Bedürfnis, aktiv etwas tun zu wollen, nachgehen.

Werfen wir einen Blick auf die beiden Muster:

Intuitiv Trauernde:
- Erfahren Wellen von Emotionen
- Drücken Trauer aus, indem sie die innere Erfahrung nach außen spiegeln: weinen, schreien, lamentieren
- Sie formulieren: ‚Ich bin die ganze Zeit so traurig' oder ‚Ich habe dieses überwältigende Gefühl der Traurigkeit'
- Werden häufig später im Prozess entrechtet: ‚Was stimmt nicht mit dieser Person? Jetzt weint sie (oder er) immer noch?'
- Finden Hilfe durch Therapie, in einer Selbsthilfegruppe, im Sprechen mit einer vertrauten Person, beim Tagebuch schreiben oder durch interne Prozesse, die die Emotionen erkunden
- Wollen, dass der instrumentell Trauernde mehr Emotionen zeigt, damit sie das Gefühl haben, dass sie nicht alleine trauern

Instrumentell Trauernde:
- Erleben auf kognitive Weise: durch ständige Gedanken an den Verstorbenen, Nachdenken über das, was passiert ist
- Erleben auf physische Weise: z.B. das Gefühl, als wären sie geschlagen oder in den Magen getreten worden
- Drücken die Trauer nicht bewusst aus, aber sprechen eventuell viel über das verstorbene Kind oder bauen aktiv eine Wohltätigkeitsorganisation auf
- Sie formulieren: ‚Ich kann mich einfach nicht konzentrieren, seit er gestorben ist' oder ‚Ich kann nicht mehr aufhören, an sie zu denken'
- Werden häufig früh im Prozess entrechtet: ‚Was stimmt nicht mit dieser Person? Warum kann er nicht weinen? Warum kann sie nicht aufhören, ständig darüber zu sprechen?'

- Wünscht sich, dass der intuitiv Trauernde darüber hinwegkommt, vor allem je mehr Zeit vergeht
- Dämpfen den emotionalen Ausdruck
- Empfinden es hilfreich, etwas zu tun

> **REFLEKTIONEN FÜR TRAUERNDE ELTERN**
>
> Nimm dir einen Augenblick Zeit und reflektiere über deine Trauerreise. Hol dir dein Trauerreise-Notizbuch und schreib deine Erkenntnisse zu den folgenden Fragen nieder:
>
>
>
> **Beschreibe deine persönliche Art der Trauer:**
> - Wie erlebst du die Trauer?
> - Was tust du? Was spürst du?
>
> **Achte auf die Art, wie dein Partner trauert:**
> - Wie erlebt er/sie die Trauer?
> - Was tut er/sie? Was spürt er/sie?
> - Was wäre wenn beide Arten des Trauerns gleich gut dabei helfen, die Trauer zu verarbeiten?

Die beiden Muster sollten nicht als ‚entweder/oder'- Optionen angesehen werden, sondern eher als die beiden Enden eines Kontinuums mit verschiedenen Kombinationsmöglichkeiten dazwischen.

Es gibt kombinierte Muster, die sowohl intuitive als auch instrumentelle Reaktionen und Antworten aufweisen. Nach Doka und Martin (2010) sind jedoch auch Menschen existent, die Unstimmigkeiten zwischen der Art, wie die Trauer erfahren und ausgedrückt wird, offenbaren, was als ‚Dissonanz' bezeichnet wird. Personen, die dissonant trauern, können eine starke und tiefe Trauer empfinden, jedoch Schwierigkeiten damit haben, diese zum Ausdruck zu bringen. Andere fühlen sich schuldig, weil sie nicht empfinden, was man von ihnen erwartet. Diese Dissonanz basiert häufig auf familiärer, kultureller oder sozialer Konditionierung sowie Traditionen.

Weitere Informationen zu diesen Mustern findest du im Buch *Grieving Beyond Gender: Understanding the Ways Men and Women Mourn* (siehe Details im Anhang).

Männliches und weibliches Trauern

> *Es war sehr schmerzhaft für ihn, über die Mädchen zu sprechen. Es war sehr schmerzhaft für mich, nicht über die Mädchen zu sprechen. Ich habe früh realisiert, dass ich andere Menschen finden musste, die mir zuhören konnten, da es für ihn nicht möglich war.*
>
> Rachel Tenpenny Crawford

Traditionell neigen Männer durch männliche Sozialisation dazu, Trauer auf instrumentelle Weise zu erfahren und zum Ausdruck zu bringen. Frauen trauern häufiger intuitiv. Doka und Martin (2010) betonen jedoch, dass diese traditionelle Art der Trauer durch das Geschlecht beeinflusst, aber nicht bestimmt wird.

Beide der zuvor beschriebenen charakteristischen Muster – ob sie nun stereotypisch durch die ihnen traditionell zugewiesenen Geschlechter ausgedrückt werden oder nicht – sind ebenso wirksam. Manche Therapien und Beratungen neigen dazu, emotionale Trauerreaktionen verhaltensbezogenen Antworten vorzuziehen. Dies wurde in der Vergangenheit ausführlich diskutiert, aber es ist eigentlich nur von Relevanz, dass beide Stile ihre Vor- und Nachteile haben.

Es gibt auch in den verschiedenen kulturellen Gruppen starke Unterschiede in der Art und Weise, wie der Ausdruck von zu viel oder zu wenig Emotionen beurteilt wird. Ohne zu tief in die psychologische Literatur einzutauchen, die sich mit diesen Unterschieden befasst, wird deutlich, dass es in der Trauer offensichtliche Unterschiede zwischen Männern und Frauen gibt. Obschon Männer im Allgemeinen ihre Emotionen seltener und weniger offen zeigen als Frauen, bedeutet das nicht, dass sie weniger trauern. Es heißt lediglich, dass sie andere Wege wählen, mit dem Verlust umzugehen.

Ich versuchte Dinge zu tun, damit das Leben funktionierte. Oft war ich nur damit beschäftigt, mich um Kelly zu kümmern. Ich habe überhaupt nicht an mich gedacht. Das hat für mich funktioniert, einfach weiter machen. Ich brauchte einfach etwas zu tun.

Gavin Blue

REFLEKTIONEN FÜR TRAUERNDE ELTERN

Nimm dir einen Augenblick Zeit und reflektiere über deine Trauerreise. Hol dir dein Trauerreise-Notizbuch und schreib deine Erkenntnisse zu den folgenden Fragen nieder:

- Welche zusätzlichen Einflüsse haben den Trauerprozess für dich und deinen Partner bestimmt?
- Was weißt du über die früheren Verluste deines Partners und wie er/sie diese verarbeitet hat?
- Welche Fragen könntest du ihr/ihm stellen, um ihre/seine Reaktionen besser zu akzeptieren und zu verstehen?

AUFGABE FÜR DIE BEZIEHUNG

Teilt eure Erkenntnisse miteinander.

Kulturelle Unterschiede

Alle Kulturen folgen im Umgang mit dem Tod und Sterben bestimmten Ritualen und Gewohnheiten. Diese Unterschiede umfassen von der Art und Weise, wie man trauert, wie man Trauer ausdrückt oder nicht, und wie lange man trauert, bis hin zur traditionellen Art des Begräbnisses oder der Feier des Lebens, jegliche Facetten des Trauerprozesses. Die meisten dieser Trauerrituale haben ihre Wurzeln in der Kultur der ihr vorherrschenden Religion.

Ohne zu sehr in die Tiefe zu gehen sollten wir immer daran denken, respektvoll zu sein. Es gibt natürlich viele Unterschiede in der Tradition und den religiösen Überzeugungen sowie Praktiken der verschiedenen sozialen Gruppen.

Die kulturellen Unterschiede sollten unbedingt berücksichtigt werden, wenn ihr eine bikulturelle Familie seid, auch wenn der kulturelle Hintergrund aus der Generation vor euch stammt.

> **EINSICHTEN FÜR TRAUERNDE ELTERN**
>
> **Wenn du ein Familienmitglied oder mit den verwaisten Eltern befreundet bist:** Wenn du dir betreffend der kulturellen Trauer Traditionen und Rituale der Eltern im Unklaren bist, frage die Eltern danach. Vertraue nicht einfach den Ideen der Umgebung oder deinen Annahmen.
>
>
> Du kannst auch den 5 Sterne Trauer Support Guide bestellen, den du erhälst, nachdem du dich bei **www.trauerndeeltern.net** für Updates angemeldet hast.
> Klicke auf 'Für Dich' in der Navigationsleiste

Trauernde Kinder und Jugendliche

Manche verwaiste Eltern haben noch andere Kinder, die auch um ihre Geschwister trauern. Jedes Kind ist einzigartig und so ist auch ihre Reise durch die Trauer außergewöhnlich. Ähnlich wie bei Erwachsenen gibt es Kinder, die ihre Reaktionen emotional, physisch, kognitiv, auf der Verhaltensebene oder auf spiritueller Ebene zeigen. Die nun folgenden Abgrenzungen sind als generelle Richtlinien zu betrachten.

Kleinkinder:

Auch Kleinkinder können durchaus verstehen, wenn ihre Eltern trauern. Wenn sie verbal noch nicht in der Lage sind, sich auszudrücken, reagieren sie oft durch ein erhöhtes Bedürfnis nach Nähe oder Aufmerksamkeit, mit Schlafverweigerung, mehr oder übermäßigem Weinen, verändertem Appetit, Trennungsängsten oder anderen beobachteten Verhaltensänderungen.

Wie du sie unterstützen kannst: Es hilft, ihnen wenn möglich, mehr physischen Kontakt anzubieten. Kleinkinder müssen sich sicher und geborgen fühlen, vor allem in einem unsicheren und instabilen Umfeld. Am besten ist es, sich als Elternteil zuerst um sich selbst zu kümmern und erst dann um die Kleinkinder, wenn sie dazu bereit sind.

Kinder von 2 bis 4:
In diesem Alter besitzen Kinder das kognitive Verständnis für die Dauerhaftigkeit des Todes noch nicht. Sie fragen: „Mama, wann kommt meine Schwester (mein Bruder) aus dem Krankenhaus nach Hause?" Kleinkinder in diesem Alter stellen die gleichen Fragen immer und immer wieder. Sie zeigen Veränderungen in ihrer Ernährung und dem Schlafrhythmus, sind bedürftiger, reizbar oder anhänglich.

Wie du sie unterstützen kannst: Beantworte ihre Fragen mit sachlichen Informationen, aber nicht mit zu vielen Details. Sie benötigen eine konsequente Routine, Trost, Ehrlichkeit und Zuverlässigkeit. Wenn du als Elternteil nicht in der Lage bist, sie zu unterstützen, bitte deine Freunde und Familienmitglieder um praktische Hilfe bei der Betreuung deines Kindes.

Kinder von 4 bis 7:
In diesem Alter zeigen Kinder ein höheres kognitives Verständnis von der Dauerhaftigkeit des Todes; doch viele reagieren mit Fantasiedenken (‚Kann es rückgängig gemacht werden?') und fühlen sich schuldig (‚Es war meine Schuld. Ich hatte einen Streit mit ihr'). Kleinere Kinder könnten Anzeichen von Angst und Verwirrung zeigen. Sie sind noch nicht voll dazu fähig, Trauer zu verarbeiten.

Wie du sie unterstützen kannst: Es hilft, wenn du sie bei der

Benennung ihrer Gefühle unterstützt, z.B. Gefühllosigkeit, Traurigkeit, Schock, Angst und Trauer. Tod spielen ist normal und hilft ihnen dabei, die Realität des Todes zu integrieren.

Kinder von 7 bis 11:
Wenn sich das Selbstbewusstsein und die kognitiven Fähigkeiten der Kinder entwickeln und sie in der Lage sind, logisch zu denken, fangen sie an, den Tod als endgültig zu erkennen. Je mehr sie verstehen, desto spezifischer werden die Fragen zum Tod und zu den Details. In diesem Alter reagieren Kinder mit Veränderungen im Schlaf und Appetit oder durch Schwierigkeiten in der Schule. Sie empfinden den Tod als Strafe. Manchmal können sie auch ihre Sehnsucht zum Ausdruck bringen, selber tot zu sein.
Wie du sie unterstützen kannst: Es hilft, die älteren Kindern zu ermuntern, ihre Gefühle auszudrücken und ihre Fragen zu beantworten. Es ist wichtig, mit ihnen zu sprechen, aber ihnen auch Zeit zum Alleinsein zu ermöglichen. Einige profitieren von körperlichen Aktivitäten. Nachdem du ihnen einige Zeit gegeben hast, besuche vielleicht eine Selbsthilfegruppe oder einen Therapeuten mit ihnen.

Teenager von 12 aufwärts:
In diesem Alter verstehen Jugendliche den Tod auf der kognitiven Ebene und beschäftigen sich mit der Suche nach dem (spirituellem) Sinn (‚Das ist ungerecht!'). Der Teenager kann sich auffällig verhalten und/oder sich zurückziehen. Sie zeigen häufig Symptome von Depressionen, Wut und halten die Regeln nicht ein.
Wie du sie unterstützen kannst: Es hilft, sie zum Sprechen zu ermutigen und ihnen zuzuhören. Als Eltern, die ihre eigene Trauer verarbeiten, könnte es schwierig sein, deinem Teenager zu erlauben, sich schwieriger als sonst zu verhalten. Achte darauf, dass sie vielleicht lieber mit einem Therapeuten oder einer Person außerhalb der Familie sprechen möchten.

REFLEKTIONEN FÜR TRAUERNDE ELTERN

Tipp für Eltern mit anderen Kindern:

Achte auf deine eigenen Bedürfnisse und deinen emotionalen Zustand, wenn du deine Kinder und Teenager unterstützt. Ähnlich wie die Ansage im Flugzeug solltest du sicherstellen, dass du dir selbst zuerst hilfst (also deine eigene Maske zuerst aufsetzt), bevor du die Kinder unterstützt (ihre Maske aufsetzt).

Bitte deine Freunde und Familienmitglieder um praktische Hilfe mit der Betreuung deiner Kinder in der unmittelbaren Zeit nach dem Verlust, speziell wenn du dich auf dich selbst fokussieren musst. Das ist eine Aufgabe, die die Helfer sehr gerne für dich übernehmen.

Tipp für Helfer:

Sprich mit den Eltern und den Kindern darüber, wie du sie am besten unterstützen kannst, zum Beispiel durch die Betreuung der Kinder.

Biete deine Unterstützung an, nimm ihr Kind auf einen Ausflug oder zum Übernachten mit, um den Eltern etwas Zeit zu geben. Sag nicht: „Ruf mich an, wenn du mich brauchst." Mach stattdessen selber einen Vorschlag.

6

Paare und Trauer

Es war schwierig, mit meinem Mann zu kommunizieren, da wir so unterschiedliche Arten hatten, mit der Situation umzugehen. Ich wollte darüber sprechen und er nicht.
Alexa Bigwarfe

Was du lernen kannst

In diesem Kapitel geht es darum, die Faktoren zu verstehen, die eure elterliche Trauer bestimmen, und wie sie auf eure Beziehung auf der emotionalen, physischen und psychischen Ebene wirken. Bevor wir uns mit der Paartrauer beschäftigen, werden wir zunächst die Faktoren erkunden, welche die Trauer im Allgemeinen bestimmen.

Was bestimmt die Trauer?

Es gibt einige Faktoren, die über eure elterliche Trauer und die Unterschiede der Trauer in eurer Paarbeziehung entscheiden:
- Das Alter des Kindes zum Zeitpunkt des Todes

- Die Zeit seit dem Tod
- Die ‚Zeitigkeit' oder ‚Unzeitigkeit' des Todes
- Die Umstände, die zum Tod führten
- Wie schnell oder langsam der Tod eingetreten ist
- Die Situation, in der das Kind starb
- Deine Fähigkeit, den Tod zu akzeptieren
- Deine persönlichen Umstände zum Zeitpunkt des Todes
- Die Lebensumstände zum Zeitpunkt des Todes
- Deine persönliche Beziehung zum Kind
- Deine bisherigen Erfahrungen mit Tod und Trauer
- Deine emotionalen und geistigen Ressourcen
- Dein Unterstützungssystem
- Deine Überzeugungen
- Deine Fähigkeit ‚Sinn zu geben'

REFLEKTIONEN FÜR TRAUERNDE ELTERN

Geh die Liste der Faktoren durch, welche Trauer bestimmen. Fertige Notizen zu den Faktoren an, über die du etwas Kontrolle hast. Nimm dein Notizbuch und schreibe deine Erkenntnisse zu den folgenden Fragen nieder:

- Wie haben sich die Dinge bereits verändert?
- Wie möchtest du, dass sich die Dinge in Zukunft verändern?
- Beantworte einige der in den Beschreibungen aufgeführten Fragen, die auf dich zutreffen

Das Alter des Kindes zum Zeitpunkt des Todes ist bedeutsam, da es in Zusammenhang mit der ‚Unzeitigkeit' des Todes steht. Wenn ein Kind zeitlich vor seinen Eltern stirbt, ist das nicht das, was wir vom normalen Zyklus des Lebens erwarten. Wenn ein Kind in einer späteren

Lebensphase im Erwachsenenalter stirbt, wird es als weniger ‚unzeitig' erlebt, auch wenn die Eltern es überleben.

Die Zeit seit dem Tod macht wirklich einen Unterschied, während wir uns durch unsere Trauerreise entwickeln und daran wachsen. Auch wenn dein Verlust erst vor Kurzem erfolgt ist, wirst du einen Unterschied feststellen, wenn du die ersten Wochen mit den Monaten danach vergleichst. Es gibt keinen definitiven Zeitplan, der bestimmt: ‚Nach zwei Jahren wirst du …'. Außerdem ist ein Jahr nach dem Verlust die Situation bei keinen zwei Elternpaaren miteinander vergleichbar. Es ist eine sehr persönliche Reise, die auf den Faktoren, die hier erörtert werden, basiert und die für jeden Menschen anders ist.

Zeitigkeit oder Unzeitigkeit bezieht sich auf die Zeit, in welcher wir erwarten, dass jemand stirbt. Es ist einfacher, den Tod einer Person zu akzeptieren, die über viele Jahre hinweg ein erfülltes Leben gelebt hat (= zeitig). Wenn ein Kind früh stirbt – und speziell wenn es vor den Eltern oder seinen Geschwistern stirbt – empfinden wir das nicht als synchron mit dem Kreislauf des Lebens (= unzeitig).

Die Umstände, die zum Tod führen, bedingen enorme Auswirkung auf die Eltern und die ganze Familie. Ob es sich um eine unerwartete Fehl- oder Totgeburt handelt oder ob du Zeit hattest, dich auf den Tod vorzubereiten, z.B. nach langer Krankheit, wird die Art verändern, wie du trauerst. Dies bedeutet nicht, dass eine der genannten Situationen zwangsläufig einfacher oder schwieriger zu betrauern ist.

Plötzlichkeit oder Langsamkeit haben einen Einfluss auf deine Bereitschaft für den Tod. Im Falle eines plötzlichen Todes ist es oft eine unerwartete und traumatische Erfahrung. Wenn der Tod langsam eintritt, ist er zumeist erwartet, aber nicht unbedingt weniger traumatisch.

Die Situation, in der das Kind stirbt, führt zu unterschiedlichen Trauermechanismen. Ist dein Kind durch die Fahrlässigkeit der Ärzte gestorben oder durch etwas, das du hättest vorhersehen müssen? Je nach Situation wirst du mehr oder weniger Wut oder Schuldgefühle empfinden oder dir Vorwürfe machen.

> *Fehlgeburt wird oft falsch verstanden. Es ist emotional eine sehr schmerzliche Erfahrung für Frauen. Ihr Gefühl sagt, sie haben ein Kind verloren, aber in der Regel wird ihnen gesagt, es war kein Baby, sondern nur ein Fötus.*
>
> Monique Caissie

Deine Fähigkeit, den Tod zu akzeptieren bedeutet noch lange nicht, dass du die Tatsache, dass dein Kind gestorben ist, mögen musst. Wenn dein Kind lange Zeit krank war, spürst du vielleicht Erleichterung, dass es nun endlich sterben konnte. Die Trauerliteratur bestätigt meine berufliche und persönliche Erfahrung, dass Eltern, die sich in Richtung Akzeptanz der Realität des Todes ihres Kindes bewegen, mehr Resilienz zeigen.

Deine persönlichen Umstände zum Zeitpunkt des Todes bestimmen deine Trauer: wart ihr als Eltern in einer unterstützenden und liebevolle Beziehung zueinander, voneinander getrennt oder geschieden? Falls getrennt lebend oder geschieden, seid ihr in Kontakt miteinander und ist eure Beziehung freundschaftlich? Warst du in einer engen, weit entfernten oder entfremdeten Beziehung zum Kind? War es euer einziges Kind oder habt ihr noch andere? War es euer ältestes oder jüngstes Kind? Hat dein Kind eine besondere Rolle gespielt, wie zum Beispiel ‚das Kleine' der Familie oder ‚der Fröhliche'?

Die Lebensumstände zum Zeitpunkt des Todes bestimmen deine Trauer ebenso: Was ist in deinem beruflichen Leben vor dem Tod passiert? Arbeitest du? Bist du eine Mutter, die zuhause geblieben ist?

Deine Beziehung zum Kind spielt eine wichtige Rolle in der Bedeutung, welche der Tod deines Kindes für dich einnimmt. War deine Beziehung eng und intensiv, wie mit einem Baby oder Kleinkind? Oder war es dein unabhängiges, erwachsenes Kind, das zum Zeitpunkt des Todes sein eigenes Leben lebte? Wenn du von deinem Kind entfremdet warst, wird es für dich ebenfalls anders sein.

Deine bisherigen Erfahrungen mit dem Tod und der Trauer können dich unter Umständen darauf vorbereiten, wie sich das Trauern anfühlt. Als meine Mutter viereinhalb Monate nach meiner Tochter an einem Suizid starb, war ich mitten in meinem Trauerprozess. Ich wusste bereits vom Wahnsinn der emotionalen Achterbahnfahrt und meiner Unfähigkeit, mich zu konzentrieren oder so wie vorher zu funktionieren. Frage dich: Was ist meine Geschichte der Trauer? Wie habe ich Verluste bisher erlebt (nicht nur Tod)? Wie habe ich dieses Thema behandelt? Was hat mir geholfen?

Was ist mit deinen emotionalen und spirituellen Ressourcen? Deine spirituellen und religiösen Überzeugungen und, noch wichtiger, wie du nach deinem Verlust zu ihnen stehst, werden bestimmen, wie du mit der Trauer umgehst und welche Fortschritte du machst. Das gleiche gilt für die emotionalen Ressourcen: Wie gehst du mit emotionalen Turbulenzen um? Bist du der Meinung, dass du diese Emotionen zulassen darfst?

Dein Unterstützungssystem ist zweifellos genauso wichtig wie deine Überzeugungen sowie deine emotionalen und geistigen Ressourcen. Ich persönlich hatte erstaunlich unterstützende Freunde, die sowohl beim Tod meiner Tochter als auch bei dem meiner Mutter anwesend waren. Der unterstützende Aspekt bestand darin, dass diese Freunde auf allen Ebenen für mich da waren: physisch, emotional, mental und spirituell. In manchen Momenten bedeutete dies, dass sie ohne Worte anwesend waren. Zu anderen Zeiten machten sie Mahlzeiten, halfen bei der Organisation der Trauerfeier (Beerdigung) oder unterstützten mich beim Packen und erledigten Dinge, zu denen ich nicht fähig war. (Für weitere Informationen siehe Kapitel 9 bis 12 zum Thema ‚Unterstützung')

Deine Überzeugungen und deine Fähigkeit, Bedeutung zu geben, steuern die Art und Weise, in der du trauerst. Das überrascht dich vielleicht oder möglicherweise formulierst du beim Lesen schon ein Gegenargument in deinem Kopf. Tatsache ist aber, dass Eltern in den unterschiedlichsten Situationen und Umständen dem Erlebten Bedeutungen abgewinnen und neue Überzeugungen erwerben konnten.

Mehr dazu in Kapitel 10.

Besuch die Webseite
www.trauerndeeltern.net/bedeutungskreation
um Zugriff auf weiterführende Aspekte zum Thema Bedeutungszumessung zu erhalten.

Es gibt keine zwei gleichen oder ähnliche Trauerwege, weil die Faktoren für die Trauer von Person zu Person unterschiedlich sind. Vergleiche deine Trauer nicht mit der Trauer anderer. Wenn du dich besser fühlen und dich auf deiner Reise vorwärts bewegen möchtest, dann gehe durch die einzelnen Schritte des Paar-TIMs (Kapitel 3).
Die Aspekte, über welche du Kontrolle hast, sind deine emotionalen und spirituellen Ressourcen, dein Unterstützungssystem, deine Überzeugungen und deine Fähigkeit, Bedeutung zuzumessen.

Der Effekt auf die Paarbeziehung

Trauerreaktionen und -antworten haben eine große Wirkung auf dich selbst sowie auf euch als Paar. Im Gegensatz zu weiteren Formen von Stress ist es eine Erfahrung, die beide Eltern zur gleichen Zeit durchmachen. Normalerweise ist dir dein Partner am nächsten und dein Unterstützer in Zeiten der Not. Angesichts der gleichzeitig erlebten Trauer ist die bisher erfahrene Unterstützung nicht gleichermaßen möglich.

> *Es war klar, dass der Weg holprig und nicht einfach werden würde. Es war hart genug für jeden alleine, geschweige denn zusammen. Unser Zusammenleben war schon schwer genug, als alles noch nett und einfach war, aber dieses Erlebnis sollte uns bis auf die Knochen durchschütteln.*
>
> Rachel Tenpenny Crawford

Patchwork-Familien

Wenn ihr beide um euer leibliches Kind trauert, sind die Auswirkungen deutlich anders und möglicherweise intensiver, als wenn du mit einem neuen Partner in einer frischen Beziehung lebst. Die Trauererfahrungen – ob es sich um dein leibliches Kind handelt oder nicht – hängt von der Intensität sowie der Tiefe der Beziehung zum Kind ab. Pass bitte die folgenden Punkte an deine persönliche Situation an, speziell falls du in einer Patchwork-Familie lebst.

Emotionale Reaktionen
und ihre Auswirkungen auf die Beziehung

- Emotionale Reaktionen, wie sie unter ‚Reaktionen und Antworten auf die Trauer' in Kapitel 5 beschrieben worden sind, werden vielleicht auf deinen Partner (oder andere Personen) projiziert, um den Emotionen Platz zu verschaffen.
- Du bist möglicherweise wütend und/oder wütender auf deinen Partner.
- Du hast Schuldgefühle oder beschuldigst deinen Partner wegen des Todes eures Kindes, auch wenn du auf rationaler Ebene weißt, dass ihr keine Schuld tragt und es nichts gab, was ihr hättet tun können, um das Kind zu retten.
- Die Traurigkeit und Depression machen es dir unmöglich, eine Verbindung mit deinem Partner zu suchen, und du ziehst es vor, allein zu sein.
- Du fühlst dich durch die unterschiedliche Art des Trauerns und die Unfähigkeit, Unterstützung zu geben oder zu bekommen, allein gelassen.

Physische Reaktionen
und ihre Auswirkungen auf die Beziehung

- Du möchtest entweder gehalten oder überhaupt nicht berührt werden.

- Du wechselst binnen Sekunden von einem Extrem zum anderen.
- Du hast kein Interesse an oder Wunsch nach Intimität oder Sex, möchtest aber gleichzeitig Nähe.

Psychologische Reaktionen und ihre Auswirkungen auf die Beziehung

- Du machst dir Sorgen, wenn gutmeinende Menschen dir sagen, dass 70, 80 oder sogar 90% der Paare sich nach dem Verlust ihres Kindes scheiden lassen. Diese Prozentzahlen stammen aus einer Studie von Teresa Rando aus dem Jahre 1985. Gemäß der Webseite ‚The Compassionate Friends' zeigen aber neue Studien genau das Gegenteil: die Scheidungsrate liegt bei 12-16% und wird auf den Aspekt der ‚gemeinsamen Erfahrung' zurückgeführt.
- Änderungen bei Freundschaften rund um das Paar; einige fallen weg, neue kommen dazu.
- Veränderungen im Verständnis für den Sinn vieler Dinge lösen eine Neubewertung der Beziehung aus.
- Rückschläge im allgemeinen Vertrauen in das Leben wirken sich auf jeden Aspekt des Lebens aus, einschließlich der Art und Weise, wie wir unsere Beziehung sehen.
- Du beschuldigst deinen Partner für deine eigenen oder seine/ihre Gefühlsausbrüche oder deren Fehlen.
- Unterschiede in der Art des Trauerns können zu Konflikten oder Fragen führen, ob der Partner wirklich richtig trauert. (Lies mehr zum Thema ‚Intuitiv und instrumentell trauern' in Kapitel 5).

Zusammenfassend geht es um den Prozess des Wiederaufbaus eurer Beziehung mit dem Leben und der Person nach dem Verlust. Jeder einzelne muss sein neues normales Selbst finden, das heißt für die Beziehung, die Partnerschaft mit dem neuen normalen Partner.

Die folgenden Kommentare wurden von verwaisten Eltern (meinen Klienten oder aus der Befragung) in Bezug auf ihre Partner formuliert:
- Er/sie muss lernen, seine/ihre Emotionen auszudrücken

- Er/sie muss lernen, vorwärts zu schauen und wieder anfangen zu leben
- Ich möchte, dass er/sie mehr über unser Kind spricht

> **REFLEKTIONEN FÜR TRAUERNDE ELTERN**
>
> Nimm dir einen Augenblick Zeit und reflektiere über deine Trauerreise. Hole dir dein Trauerreise-Notizbuch und schreibe deine Erkenntnisse zu den folgenden Fragen nieder:
>
>
>
> - Wie würde ich mein neues normales Selbst jemandem vorstellen?
> - Welche Aspekte meines neuen normalen Selbst sind schwierig für mich?
> - Wie kann ich mehr auf mein neues Selbst einstellen?

In Bezug auf die Reaktionen auf den emotionalen, physischen und psychologischen Ebenen:

- Trage die Verantwortung für deine eigenen Gefühle und erlaube deinem Partner, für seine/ihre verantwortlich zu sein
- Achte auf deine eigenen emotionalen Bedürfnisse und suche wenn nötig professionelle Hilfe
- Unterstütze deinen Partner
- Übernimm keine Verantwortung oder Verpflichtung dafür, dass dein Partner richtig trauert
- Vertraue darauf, dass dein Partner den richtigen Weg der Bewältigung für sich wählt
- Kommuniziert miteinander und akzeptiert gleichzeitig, dass dein Partner möglicherweise kurzzeitig sprachlos ist
- Teile deine Gefühle, Wünsche und Bedürfnisse offen mit, erwarte aber nicht, dass sie von deinem Partner erfüllt werden

- Hilf deinem Partner, indem du ihm/ihr sagst, wie er/sie dich unterstützen kann
- Frag, wie und wann du ihn/sie unterstützen kannst
- Sprecht offen und wiederholt über die Veränderungen, die ihr in Bezug auf die Bedeutungen, die ihr den Dingen im Leben nach dem Verlust beimesst, erlebt
- Gebt einander Zeit, schenkt Geduld und lasst das Bedürfnis gehen, alles verstehen zu müssen
- Besucht zusammen eine Selbsthilfegruppe
- Sprecht über euer Kind, wenn ihr euch beide danach fühlt
- Hör deinem Partner zu, sei wirklich präsent für ihn/sie
- Informier deinen Partner, wenn es dir nicht danach ist, dich mitzuteilen
- Teilt Erinnerungen über euer Kind, entweder durch Worte oder in Form eines Tagebuches

Trauern als Paar

Die Abschnitte in diesem Kapitel sollen dir ermöglichen, mehr Verständnis für die verschiedenen Weisen, wie wir trauern, zu erlangen.

Wenn du schon andere schreckliche Dinge erfahren musstest, die dich mitten in deiner Seele erschüttert haben, dann tut mir das aufrichtig leid und es ist absolut nicht meine Absicht, deine Erfahrungen zu minimieren. Aus meiner persönlichen und beruflichen Sicht ist die Trauer, die Eltern beim Verlust eines Kindes spüren, eine der härtesten Erfahrungen in der heutigen Zeit.

Was du als trauernde Mutter oder Vater täglich durchleben musst, kann nur aus der persönlichen Erfahrung verstanden werden. Dies ist zumindest meine Erfahrung. Ich bin mir der individuellen Erfahrung von Trauer sehr bewusst. Ich bitte dich eindringlich, deine Trauer nicht zu vergleichen – du ziehst absolut keinen Gewinn oder Vorteil daraus.

Ich habe meine Tochter Hope in meinen Armen gehalten, als sie ihren letzten Atemzug nahm. Ich spüre immer noch das Wunder dieses Augenblickes, die gleichzeitige Tiefe der Traurigkeit und Sehnsucht einer Mutter zu ihrem Kind, und die riesige, unbeschreibliche Ehre, mit ihr diesen Moment erleben zu dürfen.

Ich habe auch den Schmerz in Bezug auf den Suizid meiner Mutter viereinhalb Monate nach dem Tod meiner Tochter erlebt. Als Paar sind wir durch die Trauer der beiden folgenden Fehlgeburten hindurchgegangen. Als schwangere Mutter bin ich körperlich durch den Prozess des natürlichen Abganges dieser Schwangerschaften gegangen. Die verschiedenen Prozesse ergaben eine vielschichtige Trauer, deren Bestandteile sich für mich nicht mehr eindeutig differenzieren lassen.

Die Herausforderungen, die mein Mann und ich erlebten und immer noch erleben, stehen in Bezug zu den beiden Todesfällen in meiner Familie. Obwohl uns beiden die Unterschiede der Trauer bewusst sind, ist es immer noch manchmal eine bewusste, nicht einfache Entscheidung, sie zu akzeptieren und zuzulassen. Sich dieser Unterschiede bewusst zu sein, birgt viele Vorteile.

Ich versuchte, mich um alles zu kümmern, und hoffte, dass es ihm und der Situation irgendwie helfen würde. Ich realisierte nicht, was Trauer wirklich war, und wie unterschiedlich wir die Trauersituation erlebten.
Carrie Fisher-Pascual

REFLEKTIONEN FÜR TRAUERNDE ELTERN

Nimm dir einen Augenblick Zeit und reflektiere über deine Trauerreise. Hole dir dein Trauerreise-Notizbuch und schreib deine Erkenntnisse zu den folgenden Fragen nieder:

- Achte zuerst auf dein Trauern
- Beobachte dann das Trauern deines Partners Mach das mit der Aufmerksamkeit und dem Verständnis, die du aus dem Lesen dieses Kapitels gewinnen konntest

AUFGABE FÜR DIE BEZIEHUNG

BENUTZE DAS PAAR-TIM:

ZULASSEN: Was, wenn sein/ihr Weg in diesem Moment genau der richtige Weg ist? Beginne damit, seinen/ihren Weg zuzulassen, indem du zuerst nicht-wertend beobachtest und dann akzeptierst.
Zulassen wird in diesem Prozess immer wieder auftauchen.

BEWUSST WERDEN: Richte dein Bewusstsein immer wieder auf eure beiden unterschiedlichen Trauerarten.

ANERKENNEN: Sag dir: „Mein Weg ist der richtige für mich, sein/ihr Weg ist der richtige Weg für ihn/sie." Zeige ihm/ihr Anerkennung für das Offensichtliche: „Ich sehe, dass du manche Abende an dem Fotoalbum gearbeitet hast" oder „Ich höre dich im Badezimmer weinen." Triff diese Aussagen so wenig wertend wie möglich. Erwarte nicht, dass er/sie etwas ändert. Formuliere einfach, dass du anerkennst.

EINSTELLEN: Arbeitet bewusst daran, eure ‚Nach-Verlust-Beziehung' zu kreieren. Werde dir deiner Erwartung bewusst, dass dein Partner sein oder reagieren soll wie früher. Lass diese Erwartung gehen. Sag dir: „Wir haben beide viel hinter uns. Wir haben uns beide sehr verändert."

Lies erneut Kapitel 3 zum Paar-TIM und konzentrier dich darauf, was du individuell und was ihr zusammen machen könnt. Für weitere Informationen, wie ihr euch gegenseitig unterstützen könnt oder wie du sie/ihn unterstützen kannst, lies bitte Kapitel 11.

> *Ich glaube nicht, dass wir eine gemeinsame Mission hatten, unsere Beziehung zu retten. Es war mehr: ‚Jeder kämpft für sich.' Ich hatte solch großen Kummer, dass ich mich nicht um sie kümmern konnte. Ich hatte nicht die Ressourcen, wirklich für sie da zu sein. Glücklicherweise hielt alles zusammen. Die Liebe entwickelte sich. Es hätte genau so gut in die andere Richtung gehen können.*
>
> Jonathan Pascual

7
Trauertheorie

*Das Leben ist Leben und Tod, Leid und Freude – alles.
Der Tod ist ein Teil davon. Es muss nicht der Teil sein, der
dich definiert, aber es ist ein Teil und verdient dieselbe
Ehre und denselben Respekt wie alles andere.*
Carrie Fisher-Pascual

Was du lernen kannst

Ohne an dieser Stelle spezifisch in eines der Trauermodelle einzutauchen, ist es doch offensichtlich, dass verwaiste Eltern einen äußerst schwierigen und schmerzvollen Prozess durchmachen, wenn sie ein Kind verlieren.

In diesem Kapitel werde ich die bekannten Trauertheoretiker vorstellen und kurz ihre Modelle erläutern. Es geht mir vor allem darum, die universellen Gemeinsamkeiten des Trauerns aufzuzeigen.

In diesem Rahmen ist es nicht nötig, eine vollständige Übersicht zu bieten. Wenn du mehr über die Vorteile und Einschränkungen der Trauertheorien wissen möchtest, dann kannst du die Seiten zum Thema ‚Trauermodelle' überspringen und direkt zum Abschnitt ‚Der wichtigste Aspekt in allen Trauertheorien' auf Seite 108 vorblättern.

Trauermodelle – die bekannten Trauertheorien

Als trauernde Mutter oder Vater kann es sein, dass du deinen Kopf schüttelst in Anbetracht der unzähligen Theoretiker, die im Laufe der Jahre trotz offensichtlichem Mangel an persönlicher Erfahrung über Trauer geschrieben haben. Ein Therapeut, der dir sagt: „Das sind die Stufen und du solltest Akzeptanz innerhalb eines Jahres erreichen, sonst bist du irgendwo hängen geblieben" löst bei dir ganz verständlicherweise wohl eher Unverständnis und Misstrauen aus.

Vor allem dann, wenn dein Verlust erst kürzlich passiert ist, muss dir wohl kaum jemand sagen, was du wann tun sollst und warum. Eltern, bei denen der Verlust etwas länger zurückliegt oder die das, was du erlebt hast, noch nicht erlebt haben, werden dir sagen: „Du brauchst Zeit", aber du denkst, dass alles was du brauchst, dein Kind in deinen Armen ist.

In den letzten 20 Jahren gab es eine regelrechte Explosion an Materialien zum Thema Trauer. In der Welt der Psychologie gibt es viele verschiedene Modelle. Wie ich anfangs bereits erwähnt habe, soll dieses Buch kein Trauerpsychologiebuch werden. Dieses Buch basiert auf den Erfahrungen trauender Eltern und dem, was sie als sinnvoll erachteten. Wenn du eine eher rationale Person bist oder kognitiv trauerst, dann werden einige dieser Theorien sinnvoll in deinen Augen sein. Wenn die Angaben an dieser Stelle für deinen Geschmack zu kurz gefasst sind, findest du im Bereich ‚Ressourcen' am Ende des Buches mehr Informationsquellen dazu.

Elisabeth Kübler-Ross – 5 Phasen der Trauer (1969)

Verschiedene Wissenschaftler haben viel Zeit und Mühe in den Prozess der Trauer investiert. Die am häufigsten zitierte ist wahrscheinlich Elisabeth Kübler-Ross (1926-2004), eine Schweizer Psychiaterin, welche mehrere Bücher zu den Themen Tod, Sterben, Trauer und

Trauerbegleitung geschrieben hat. Sie arbeitete mit unheilbar kranken Patienten in der Hospizpflege und ihre Theorie basiert auf ihren Beobachtungen und der Reflexion ihrer Gespräche mit Sterbenden. Auch wenn ihr berühmtes ‚Fünf Phasen-Trauermodell' (1969) ursprünglich als Muster für die Umstellung Sterbender gedacht war – als Hilfe, um sich auf den bevorstehenden Tod vorzubereiten – wurde das Modell später auf den Prozess Trauernder, die sich mit dem Tod eines geliebten Menschen auseinandersetzen mussten, angepasst.

Die 5 Phasen der Trauer nach Kübler-Ross:
- Nichtwahrhaben wollen und Isolierung
- Zorn
- Verhandeln
- Depression
- Akzeptanz

Sterbende erleben die meisten dieser Phasen nicht in einer definierten Abfolge.

John Bowlby und Colin Murray Parkes – 4 Phasen des Trauerns (1970)

John Bowlby (1907-1990) war ein britischer Psychologe und Psychiater, der als Pionier der Bindungstheorie (attachment theory) in Bezug auf Kinder gilt. Er wandte seine Forschungen und Beobachtungen hinsichtlich der Bindung und Trennung auch auf Trauer und Verlust an. Er deutete an, dass Trauer eine normale adaptive Reaktion sei, nachdem eine affektive (gefühlsbetonte) Bindung gebrochen wurde. In Zusammenarbeit mit seinem Kollegen Colin Murray Parkes (geboren 1928), einem anderen britischen Psychiater, entwickelte er später das Modell der vier Phasen der Trauer (1970).

Die 4 Phasen der Trauer nach Bowlby und Parkes:
- Schock und Gefühllosigkeit
- Sehnsucht und Suche

- Verzweiflung und Desorganisation
- Reorganisation und Genesung

Obwohl Elisabeth Kübler-Ross ihr Modell basierend auf der Arbeit mit Sterbenden zuerst herausbrachte, wurde sie von Bowlby und Parkes beeinflusst, als sie ihre fünf Phasen entwickelte. Das gilt auch für viele andere Trauertheoretiker.

J. William Worden – 4 Aufgaben der Trauerarbeit (1982; weiterentwickelt 1991 und 1996)

J. William Worden, ein amerikanischer Professor für Psychologie, hat zahlreiche Bücher und Artikel zum Thema Trauer und den spezifischen Arten der Trauer verfasst, die bereits in Kapitel 4 im Abschnitt ‚Definitionen – Trauer verstehen' erwähnt worden sind. Sein Buch *Grief Counseling and Grief Therapy: A Handbook for the Mental Health Practitioner* [*Beratung und Therapie in Trauerfällen: ein Handbuch*] ist in der vierten Auflage und wird weitgehend von Therapeuten verwendet, die auf Trauer spezialisiert sind.

Die Aufgaben der Trauerarbeit nach Worden:
- Akzeptanz der Realität des Verlustes
- Die Traueraufgabe bewältigen
- Sich an eine Umgebung gewöhnen, in der der Verstorbene nicht mehr anwesend ist
- Eine Verbindung mit dem Verstorbenen finden und gleichzeitig in ein neues Leben eintreten

Was mir an der Arbeit von Worden gefällt, ist, dass er die Individualität der einzelnen trauernden Person wahrnimmt, statt lediglich die Gefühle und Erfahrungen (Schock, Taubheitsgefühl, Verleugnung, Verzweiflung, Trauer, Akzeptanz, Erleichterung, Einsamkeit, Angst etc.) zu systematisieren. Zu jenem Zeitpunkt, als er noch als Psychologe aktiv war, hinterfragte er seine Arbeit kontinuierlich und passte sie an.

Worden war stets darauf bedacht, das wachsende Verständnis für die Trauer zu erfassen.

Dennis Klass, Phyllis R. Silverman, Steven Nickman – Anhaltende Bindungen (Continuing Bonds) (1996)

Eine der jüngeren und meiner Meinung nach hilfreicheren Trauertheorien wird in dem Buch mit dem Titel *Continuing Bonds: New Understandings of Grief (Death Education, Aging and Health Care) [Anhaltende Bindungen: ein neues Verständnis der Trauer (Bildung zu Tod, Altern und Krankenpflege)]* beschrieben. Die Autoren hinterfragen die herkömmlichen Modelle, bei denen sich die Hinterbliebenen von der Person, die sie verloren haben, loslösen sollen. Im Gegenteil dazu empfehlen sie, dass eine neue, umdefinierte Beziehung zu dieser Person geschaffen werden soll, welche anders als im Leben eine anhaltende Bindung erlaubt.

In meiner persönlichen Erfahrung – sowohl mit meiner Tochter als auch mit meiner Mutter – hat diese Umstellung natürlich stattgefunden und fühlt sich wie ein gesunder Bestandteil des Trauerprozesses an.

Weitere Theorien und die dazugehörigen Namen
- **Erich Lindemann** (1900-1974) schrieb *Symptomology and Management of Acute Grief (1944) [Symptomatik und Bewältigung akuter Trauer]*, nachdem er sich intensiv mit 101 Menschen auseinandergesetzt hatte, die durch traumatische Ereignisse ihre Familienmitglieder verloren hatten. Lindemann benannte das Durchlaufen der Trauer als ‚Trauerarbeit', ein Konzept, das einleuchtet.
- **Yorick Spiegel** (1935-2010), ein deutscher Professor für systematische Theologie, der sein Modell des Trauern 1972 publizierte. Durch seinen humanistischen, theologischen Hintergrund kombinierte und integrierte er psychoanalytische Ansätze mit der Seelsorge in seinem Modell.

- Eine weitere Schweizer Professorin der Psychologie, **Verena Kast** (geboren 1943), kombinierte das Vier-Phasen-Modell von Bowlby und Parkes mit dem Modell von Kübler-Ross und fügte ihre eigenen Ideen der analytischen Psychologie hinzu. Sie schuf 1982 ein weiteres Vier-Phasen-Modell.

Siehe auch im Anhang ('Empfohlenes Lesematerial zur Trauertheorie') für weitere Empfehlungen, um das Verständnis zu vertiefen.

Der wichtigste Aspekt in allen Trauertheorien

Trauer ist individuell: Der wichtigste Aspekt in allen Trauertheorien lautet, dass diese nie für alle Trauernden gleichermaßen gelten. Nimm, was dich anspricht, wende es an und lass den Rest weg.

Was die meisten Theorien gemeinsam haben, ist die Normalisierung der Trauererfahrung und das Verständnis, dass das, was wir verwaisten Eltern durchmachen, dem entspricht, was die Theoretiker bei ihrer Arbeit mit sterbenden und trauernden Menschen beobachtet, recherchiert und diskutiert haben.

Theorien sind zwar theoretisch, aber haben ihre Wurzeln in der praktischen Arbeit und Forschung: Theorien haben ihre Wurzeln entweder in der Forschung oder ziehen ihre Erkenntnisse aus der praktischen Arbeit. In den besten Fällen kombinieren sie beide Aspekte. Andererseits sind sie auch einfach das, was ihr Name sagt – Theorien. Sie sind Modelle und nicht Aufgabenlisten oder Formeln, welche du zu befolgen hast. Sie fassen das Beobachtete zusammen. Deine Erfahrung ist trotzdem deine und berechtigt.

Normalisieren der Erfahrung: Theorien fassen die Trauererfahrung zusammen und versuchen so, das zu normalisieren, was sich für dich äußerst schmerzhaft und ungewöhnlich anfühlt und du noch nie zuvor in deinem Leben erlebt hast. Lies sie, wenn sie dir helfen, aber du brauchst kein Experte auf diesem Gebiet zu werden, um für dich selbst und deine Familie die Trauerarbeit zu bewältigen.

Die ‚richtige' Art zu trauern: Es gibt keine richtige Art zu trauern; es gibt nur deinen eigenen Weg und der ist für jeden unterschiedlich. Es wäre überraschend, wenn du nach dem Tod deines Kindes nicht auf irgendeine Art trauern würdest oder deine Welt nicht aus dem Gleichgewicht käme. Es ist jedoch so, dass manche Menschen auf den Schmerz auf eine Weise reagieren, die negative Folgen für sie selbst oder ihre Mitmenschen hat. Dieses Buch bietet Anregungen, wie du am besten einen geeigneten Weg für dich selbst und deinen Partner – als Individuum und als Paar – durch die Trauer findest.

Sensibilisierung der Gesellschaft und Raum schaffen für die Erfahrung und den Ausdruck der Trauernden: Trauertheorien haben einen weiteren positiven Aspekt: Neben ihrer Funktion als Handbücher für Therapeuten dienen sie als Instrument, um die Öffentlichkeit zu sensibilisieren. Als Gesellschaft, vor allem in der westlichen Welt, empfinden wir den Ausdruck starker Gefühle, die in der Trauer normal sind, immer noch als unangenehm. Im Allgemeinen führt dies dazu, dass sich trauernde Menschen isoliert fühlen oder dass sie diese schwierigen Emotionen nicht ausdrücken können. Es bedeutet, dass die Hinterbliebenen sich unbehaglich und in ihrer Trauer nicht akzeptiert fühlen. Trauertheorien tragen dazu bei, dass die Gesellschaft diese Erfahrungen als normal und erwartungsgemäß betrachtet.

Trauer hat keinen begrenzten Zeitrahmen: Es ist ganz normal, dass du eine Bindung zu deinem Kind über seinen oder ihren Tod hinaus pflegst (Doka, 2010). Wellen der Trauer werden dich dein Leben lang begleiten, z.B. wenn dein Kind in die Schule hätte gehen müssen, wenn er oder sie studieren würde, wenn er oder sie geheiratet hätte etc. Falls du von einem Therapeuten betreut wirst, der veraltete Modelle mit einem definierten Zeitrahmen zitiert, such dir einen anderen Therapeuten.

Missverständnisse über Trauer, Trauertheorien und Therapien: Es gibt wie in jedem Bereich Trauertherapeuten, die ihre Arbeit auf mangelhafte Information oder Unwissen gründen und nicht viel mehr können, als mit trauernden Menschen einfühlsam und unterstützend zu reden.

Gemäß Trauerspezialist Doka existieren die folgenden grundlegenden Informationen, welche alle Trauertherapeuten und trauernden Menschen kennen sollten:

- Trauertheorien haben sich von den Phasen weg bewegt und folgen einem universellen Weg
- Dieser Weg betont die Fortsetzung der Bindung mit der verstorbenen Person, während in der Vergangenheit empfohlen worden ist, sie zu vergessen und vorwärts zu gehen
- Trauer hat viele Bedeutungen und ist eine Reaktion auf Verlust, nicht nur im Todesfall, sondern auch bei anderen bedeutenden Verlusten
- Verschiedene Kulturen reagieren unterschiedlich auf den Schmerz
- Die Trauertherapie entfernt sich von der Frage: „Wie gehst du mit der Trauer um?" und fragt nun „Wie hat der Verlust dich verändert?" Diese Frage erkennt die persönliche posttraumatische Entwicklung, die ein Verlust verursachen kann, an
- Das Erleben der Trauer ist nicht nach einer bestimmten Zeit erledigt – die Zeit der Heilung ist persönlich und individuell

Letztlich geht es in diesem Buch nicht darum, dir eine detaillierte Übersicht über die Trauerforschung und die ihr zugrunde liegenden Theorien zu vermitteln, sondern dir einen Wegweiser zur Heilung und eine Unterstützung für dich als einzelne Person und euch als Paar anzubieten. Wenn du deine theoretischen Kenntnisse erweitern möchtest und es dir zum Verständnis und für die Akzeptanz der Trauer hilft, findest du einige Buchvorschläge im Anhang.

8
KOMMUNIKATION

*In der Trauer sagt man doppelt so viel in halb soviel Zeit …
und du kannst Narren nicht dulden.*
                                                    Gavin Blue

WAS DU LERNEN KANNST

Zu Beginn des Kapitels werde ich den Unterschied zwischen Gefühlen und Emotionen konkretisieren. Dann werde ich die Bedeutung der Kommunikation und ihre Bedeutung in der Beziehung im Allgemeinen sowie nach einem Verlust im Speziellen ansprechen. Ich schließe mit konkreten Merkpunkten: wie dein Zustand deine Kommunikationsfähigkeit beeinflusst, und welche Verhaltensweisen du meiden, respektive welche neuen du üben kannst. Du wirst weitere Erkenntnisse über die Wechselwirkungen zwischen deiner internen und externen Kommunikation in Bezug auf Emotionen und Gefühle erlangen.

LASS UNS DRÜBER REDEN

Kommunikation, lernen miteinander zu sprechen, über euer Kind, über Erinnerungen, Geschichten oder Symbole; lernen, sich wieder wie ein liebendes Paar zu verhalten, sich über Gefühle und Emotionen auszutauschen, das alles ist so wichtig. Unter den Vorschlägen der hinterbliebene Paare aus meiner Umfrage sowie der für dieses Buch interviewten Mütter und Väter erlangte die Kommunikation als Paar einen sehr hohen Stellenwert und wurde als äußerst wichtig eingestuft.

> *Der Therapeut hat mich gelehrt, meine Gefühle und meine Gedanken in Worten auszudrücken. Das hat mir geholfen. Ich brauchte eine Stimme.*
>
> Cheryl Haggard

Im Rahmen der Umfrage wollte ich von den hinterbliebenen Paaren Genaueres über die verschiedenen Aspekte des Lebens vor und nach dem Verlust erfahren. Die Umfrage enthielt Fragen zu den Aspekten, die Paare als hilfreich empfanden und warum sie welche Art von Unterstützung schätzten und welche nicht – und welche Erkenntnisse sie mit anderen verwaisten Eltern teilen wollten. Kommunikation wurde bei weitem am häufigsten erwähnt.

Ich möchte eines von Anfang an klar stellen: Kommunikation kann, aber muss nicht auf verbaler Ebene stattfinden. Sie kann, muss aber nicht zwingend mit deinem Partner geschehen. Sie kann jetzt oder später erfolgen.

> *Wenn wir es zusammen schaffen wollten, dann musste ich andere Menschen finden, mit denen ich reden konnte. Ich musste mir ihn für die Momente aufsparen, in denen ich ihn wirklich brauchte. Ansonsten wäre unsere Beziehung in die Brüche gegangen. Dies bedeutete, dass ich seine Trauer und seine Art zu trauern anerkannte.*
>
> Sherokee Ilse

Aus meiner langjährigen Erfahrung als Beziehungscoach weiß ich, wie schwierig es für Paare sein kann, im Laufe der Jahre ihrer Beziehung bedeutsame Gespräch zu führen, auch wenn nur die ‚regulären'

Herausforderungen des Lebens bewältigt werden müssen. Als verwaiste Eltern müsst ihr nicht nur den Verlust eures Kindes verarbeiten, sondern auch die individuellen Veränderungen in jedem von euch und in der Beziehung. Es sollte dich nicht überraschen, dass die verbalen Interaktionen, neben all den anderen Verbindungspunkten, leiden.

> **AUFGABE FÜR DIE BEZIEHUNG**
>
>
> In einer Beziehung ist es unumgänglich, über den Tellerrand deiner Definition von Kommunikation hinauszublicken und dich dem zu öffnen, was es für deinen Partner bedeutet. Schreib auf und diskutiere mit deinem Partner, wie, wann und mit wem du über den Verlust kommunizieren möchtest.

Gefühle und Emotionen

Der Verlust deines Kindes weckt eine Reihe von Gefühlen und Emotionen simultan. In der unmittelbaren Zeit nach dem Verlust ist es sehr wahrscheinlich, dass man die Gefühle von Trauer, Wut, Ablehnung, Enttäuschung und Erleichterung alle zusammen oder einzeln und nacheinander, und manchmal sogar in widersprüchlicher Kombination, erlebt. (Lies mehr über ‚Die Reaktionen der Trauer' in Kapitel 5)

Ich persönlich empfinde mich noch immer als unberechenbar und erkenne mich in meinem neuen Selbst, sogar drei Jahre nach meinem Verlust, kaum wieder. Ich weiß aus meinen Gesprächen mit meinem Mann, dass dies nicht nur für mich, sondern auch für ihn eine Herausforderung darstellt.

Zunächst einmal ist es wichtig, die Definitionen von Gefühlen und Emotionen zu durchzugehen:

Gefühle und Emotionen sind nicht das gleiche, auch wenn die Begriffe oftmals synonym verwendet werden.

Gemäß Diana Richardson (2010) haben *„... Emotionen ihre Wurzeln in der Vergangenheit, und Gefühle beziehen sich auf den gegenwärtigen*

Augenblick. Emotionen sind Gefühle, die wir bisher nicht zum Ausdruck gebracht haben und die sich mit der Zeit aufstauen."

Als hinterbliebene Eltern erleben wir zweifellos die Gefühle Trauer, Verzweiflung, Sehnsucht, Wut und vieles mehr ganz plötzlich und mit rauer Intensität. Du wirst feststellen, dass sie sich ändern, manchmal mehr und manchmal weniger schnell. Manchmal werden solche Gefühle von wiederkehrenden Gedanken und den Fragen nach dem ‚Warum?' und ‚Was wäre, wenn ...?' begleitet. Manchmal sind wir wütend auf Ärzte oder Krankenschwestern, weil sie nicht in der Lage gewesen sind, unser Kind zu retten. Zu anderen Zeitpunkten sind wir empört über die Reaktionen der Menschen um uns herum. Diese Gefühle sind Ausdruck und Ventil für die Trauerenergie. Einige Gefühle scheinen gerechtfertigt, andere fühlen sich verrückt und wild an. Wenn man bedenkt, dass dies der Weg ist, der uns hilft, physisch und emotional mit der Größe des Schmerzes umzugehen, kann es nur von Vorteil sein, diese Gefühle zu erlauben (Schritt 1 des Paar-TIMs).

Meine persönlichen Erfahrungen mit diesen Gefühlen ist, dass sie sehr schnell kommen und gehen, wenn ich sie nicht durch meine Gedanken und Handlungen verlängere. Wenn ich daran denke, dass Hope nicht mit uns aufwachsen wird, bin ich traurig oder wütend. Diese Gefühle sind im Jetzt vorhanden, manchmal zwar verbunden mit Tränen, aber ohne viele geistige Argumente.

Kreisende Gedanken

Wenn ich meine Gefühle unterdrücke, werde ich defensiv. Dann habe ich argumentative Gedanken oder verurteile ‚nicht-so-liebende' Zwillingseltern, die nicht zu wissen scheinen, wie viel Glück sie haben. Wenn die Intensität der Emotionen steigt, weiß ich, dass ich zu meinem eigenen Unglück beitrage. Ich werde reaktiv. Ich ziehe mich zurück oder verschließe mich. Diese Momente zeigen, dass ich mir selbst zu wenig Achtsamkeit, Zuwendung oder Zeit für meine Gefühle eingeräumt habe.

Kreisende Gedanken kommen, wenn die interne Kommunikation durchdreht. Diese Gedanken entstehen aus ungelösten Emotionen. Kümmere dich um deine Emotionen und das Nagen deiner Gedanken wird sich beruhigen. Emotionen sind biochemische Reaktionen im Körper, deren Veränderung viel mehr Zeit erfordert, als eine Veränderung der Gedanken, die einem elektrischen Impuls entsprechen. Positive Gedanken helfen dir nicht, deinen Zustand zu verändern, da der emotionale Speicher nicht beachtet worden ist und dieser länger braucht, um sich zu verändern.

Wenn du dir dieser Abgrenzung bewusst wirst (Schritt 2 des Paar-TIMs), wirst du unterscheiden lernen, ob deine Erfahrung auf einem Gefühl oder einer Emotion basiert. Wenn du bemerkst, dass Emotionen ans Tageslicht gelangen, nimm dir Raum und Zeit, diese anzuerkennen. Nimm dein Trauerreise-Tagebuch und schreib auf, was wohl unter den nagenden Gedanken verborgen sein könnte. Gib der verborgenen Trauer Raum und sprich, wenn nötig mit einem Trauer- oder Traumaexperten.

Unaufgearbeitete Probleme der Vergangenheit

Emotionen sind ‚pop-up'-Erinnerungen unaufgearbeiteter Probleme der Vergangenheit. Auch wenn der Verlust deines Kindes ein jetziges Ereignis ist, wird er dennoch mit vergangenen Erfahrungen verbunden sein. Die Verlusterfahrung ist Teil unseres Lebens, ob nun deine Lieblingsgroßmutter verstorben ist, dein Vater die Familie verlassen hat oder dein Meerschweinchen gestorben ist, als du sieben warst, um nur einige Beispiele zu nennen.

Es muss nicht einmal ein Verlust zu sein, der deine Emotionen aufwühlt. Es kann sein, dass du jetzt das neu erlebst, was du als Kind als fehlende Unterstützung oder Anwesenheit deiner Mutter interpretiert hast.

Die aktuelle Herausforderung, dich mit dem Tod deines Kindes auseinanderzusetzen, betrifft deine intime Beziehung. Frühere

Verluste, wie zum Beispiel der Mangel an Intimität, üben aber auch einen Einfluss aus. Der Verlust eines Kindes kann eine Veränderung der Perspektive auf alles, was vorher geschehen ist, nach sich ziehen. Die Wahrheit ist, dass alles, was du in deiner Beziehung erlebst, dich prägt, sowohl als Einzelperson als auch als Paar. Lernen und Wachstum hängen davon ab, wie ihr diese Lebensprüfungen durchschreitet und wie willens ihr beide seid, an den Aufgaben des Lebens zu wachsen.

> *Der Tod der Mädchen hat in unserer Beziehung keine neuen Probleme geschaffen, er hat lediglich die alten aufgewühlt.*
> Rachel Tenpenny Crawford

Drück deine Bedürfnisse aus

Wie in den vorherigen Kapiteln beschrieben, erleben und verarbeiten Männer und Frauen Trauer unterschiedlich. Einmal abgesehen von geschlechterspezifischen Verallgemeinerungen wird einer von euch in gewissen Bereichen den größeren Bedarf aufweisen als der andere, z.B.: das Bedürfnis zu reden, Gefühle auszudrücken, an dein Kind zu denken oder die Geschichte des Kindes zu erzählen. Dies kann sich mit der Zeit, die seit dem Tod vergangen ist, mit der persönlichen Situation, den sozialen Umständen oder anderen Situationen in deinem Leben verändern. Der Suizid meiner Mutter hatte eine stärkere und intensivere Wirkung auf mich und meine Bedürfnisse als auf die meines Mannes oder meiner Schwester, obwohl sie beide auch Teil der Familie sind. Ohne die Gründe analysieren zu wollen, sind jede Person und Situation unterschiedlich.

Gedankenlesen und Annahmen

Die Traumbeziehung ist, einen Partner zu finden, der in der Lage ist, dir das zu geben, was du brauchst. Der schnellste Weg, dies zu erreichen besteht darin, deinem Partner deine Erwartungen mitzuteilen.

Sag, was du brauchst. Dein Partner kann nicht Gedanken lesen. Gib dir selbst und deinem Partner das Recht, über eure Bedürfnisse zu sprechen.

Wir gehen davon aus, dass unsere interne Kommunikation der internen Kommunikation unseres Partners entspricht. Solange der Gedanke aber nicht ausgesprochen wird, redet ihr womöglich aneinander vorbei und wisst nicht mal warum.

Insbesondere wenn eure Bedürfnisse entgegengesetzt sind, du reden möchtest und dein Partner dazu nicht in der Lage ist, musst du kreativ werden, um deine Bedürfnisse zu erfüllen. Erwarte nicht, dass dein Partner deine einzige Unterstützung ist.

C'est le ton qui fait la musique

Deine Bedürfnisse zum Ausdruck bringen, ist einer der Bestandteile – wie und wann dies geschieht, ist genauso wichtig. Die Franzosen sagen „C'est le ton qui fait la musique", was bedeutet, dass die Art, wie wir etwas sagen, die Wirkung von dem, was wir sagen, bestimmt.

In einer Beziehung wollen wir die ‚Ich-Sprache' benutzen, in der ich ausdrücke, was ich benötige oder fühle. Im Gegensatz zu Aussagen wie ‚Du müsstest ...' die kritischer wirken und den Zuhörer in die Defensive treiben.

Hol dir Hilfe

> *Wir besuchten eine Eheberatung. Ich habe etwa drei oder vier Therapeuten gesehen, aber blieb nur bei einer. Sie war in der Lage, mich durch meine Glaubenssätze in meiner Ehe zu begleiten und meine Ehe zu stärken.*
> *Cheryl Haggard*

Wenn ihr in eurer Partnerschaft völlig blockiert seid, findet einen Paartherapeuten, der Erfahrung mit Trauer und Trauma hat. Sucht ihn zuerst zusammen auf. Der Therapeut wird dann je nach Situation Einzel- oder Paarsitzungen anbieten.

Besuche die Seite ‚7 Beziehungstipps', um Ratschläge zu finden, wie ihr eure Beziehungskommunikation wieder beleben könnt:
www.trauerndeeltern.net/7-beziehungstipps/

Lernen, miteinander zu sprechen

Trauernde teilen im Laufe der Zeit gemeinsame Erfahrungen, Gefühle oder Situationen. Eine dieser Erfahrungen kann die Sprachlosigkeit sein. In einer bestimmten Phase war ich sprachlos. Man kann es Schock oder schockinduzierte Sprachlosigkeit nennen – das Ergebnis war: Ich war sprachlos.

Eine weitere häufige Folgeerscheinung der Trauer scheint die Sprachlosigkeit der Menschen um uns herum zu sein. Drei Jahre sind vergangen, seit meine Tochter gestorben ist, und einige meiner Freunde sprechen immer noch nicht mit mir darüber. Das macht traurig. Freundschaften verändern sich natürlicherweise – mit oder ohne Verlust. Aber gerade in solchen Momenten wären unsere Freunde sehr wichtig.

Von den Freunden, die wieder mit mir sprechen, konnte ich Gründe erfahren, warum es für sie schwierig war. Es wurde mir klar, dass es weniger mit mir zu tun hatte, sondern mehr mit ihrer eigenen Angst und persönlichen Beziehung zum Thema Tod.

Veränderungen bei den hinterbliebenen Eltern

Tod und Trauer verändern uns im Kern unseres Wesens. Trauer ist intensiv – und hier in der westlichen Welt, in der wir von Krieg und Hunger verschont bleiben, wahrscheinlich die intensivste Erfahrung. Trauer erschüttert das Urvertrauen ins Leben. Zusätzlich zu den Veränderungen, die damit einhergehen, beeinflusst Trauer auch das Verhalten und Denken trauernder Eltern. Dies hat auch Auswirkungen auf die Art und Weise, wie diese sich mit ihrer Umgebung, ihren Freunden und Familien auseinandersetzen.

Beispiele für Veränderungen im Verhalten und Denken der hinterbliebenen Eltern - Betroffene Eltern berichteten:

- **Ich bin öfter ehrlich und direkt, auch wenn es bedeutet, dass ich Freunde konfrontiere:** Ich habe mich in meinem Sein und meinem Verhalten verändert. In der Vergangenheit habe ich gewisse Kommentare hingenommen, jetzt sage ich es ehrlich, wenn etwas nicht passt. Diese Veränderung hat mich sozial weniger gut verträglich gemacht, und für diejenigen, die mich vorher kannten, ist es eine deutliche Charakterveränderung.
- **Ich erfinde weniger Ausreden:** Ich sage, was ich will und was mir wichtig ist. Ich bin klarer in meinen Prioritäten.
- **Ich bin offener dafür, Hilfe anzunehmen, und bin auch unheimlich dankbar:** Ich habe gelernt, Hilfe mit einem offenen Herzen von Menschen anzunehmen, auch wenn ich diese vorher gar nicht so gut kannte.
- **Ich bin weniger tolerant und weigere mich, schlechtes Verhalten zu akzeptieren:** Ich sage, was ich denke und beschönige weniger, was es manchmal nicht einfacher macht. Das ist wahrscheinlich auch der Grund dafür, dass ...
- **Ich bin eher reaktiv und weniger passiv:** Das Positive geht Hand in Hand mit dem Negativen. Ich bin häufiger zornig und kann dies auch zeigen. Ich mache Dinge nicht mehr, nur weil sie jeder macht.

REFLEKTIONEN FÜR TRAUERNDE ELTERN

Nimm dir einen Augenblick Zeit und reflektiere über deine Trauerreise. Hole dir dein Trauerreise-Notizbuch und schreibe deine Erkenntnisse zu den folgenden Fragen nieder:

- Welche Veränderungen hast du bei dir selbst festgestellt?
- Welche dieser Veränderungen könnte für deine Umgebung schwierig sein?

Viele dieser Veränderungen machen den Umgang mit verwaisten Eltern schwieriger für Freunde, Kollegen und Familienmitglieder. Menschen, welche dich vorher kannten, erwarten, dass du immer noch so bist und dich so verhältst wie früher, oder wünschen sich, dass du wieder so wirst.

> *Sogar ich bin herausgefordert mit den Veränderungen in mir selbst. Aber Tatsache ist: Das bin ich jetzt. Das ist mein neues normales Selbst ... bis es sich wieder verändert. Und es braucht mehr Energie, jemand anderes zu sein, als die, die ich normalerweise bin.*
> *Nathalie Himmelrich*

Sich öffnen

Ich erhielt zahlreiche mündliche Kommentare und Ermutigungen von Menschen nah und fern, die mich dazu inspirierten, endlich dieses Buch zu schreiben.

Mich zu öffnen, ist meine persönliche Wahl und bedeutet nicht, dass du das gleiche tun musst. Ich bin jedoch sicher, dass je mehr wir über unsere Geschichten sprechen, desto mehr Menschen werden sich an den Umgang mit trauernden Menschen gewöhnen. Meine Hoffnung ist, dass wir alle in der Lage sein werden, den Schmerz von jemandem auszuhalten, ohne ihn beheben zu wollen.

Erzähle deine Geschichte – begreife deinen Verlust

> *Über meine Geschichte sprechen zu können, auf offene und ehrliche Art, ohne mich schämen zu müssen, war und ist enorm heilend.*
> *Kiley Krekorian Hanish*

Viele trauernde Eltern berichteten, dass die Erzählung ihrer Geschichte eine der wichtigsten Voraussetzungen für ihre Heilung war und bleibt. Kirsti Dyer (2014) formuliert: *„Um einen großen Verlust in den Griff zu bekommen, muss die trauernde Person eine eigene persönliche Geschichte entwickeln und anderen anvertrauen. Die Entwicklung einer Erzählung erlaubt es der Person, die Veränderungen in ihrem Leben zusammenzufügen und eine neue, zusammenhängende Geschichte zu schaffen ... Das Teilen von Verlustgeschichten kann Trauernden bei der Überwindung der existentiellen Krise, die häufig nach einer Verlusterfahrung auftritt, helfen, indem die neue Identität erfasst wird und die Veränderungen im Leben aufgenommen werden."*

Gespräche in einer Beziehung finden jeden Tag statt. Sei dir jedoch bewusst, dass sich dein Bedürfnis zu reden höchstwahrscheinlich von dem deines Partners unterscheidet. In diesem Fall können Einzel- oder Gruppen-Beratungen hilfreich und nötig sein.

Viele Mütter der Trauergemeinschaft haben angefangen zu schreiben, entweder in Tagebüchern oder Blogs. Dies bietet ein Ventil für die Trauer oder eine Möglichkeit zur Verarbeitung der Erfahrungen. Jetzt könnte für dich die Zeit gekommen sein, deine Geschichte zu erzählen. Finde dafür den für dich geeignetsten Raum, in dem du dich wohl und angenommen fühlst. Wenn das nicht bei deinem Partner ist, dann mach dich auf die Suche nach einem Therapeuten oder einer Gruppe für trauernde Mütter, Väter oder für Paare.

> *Durch das Sprechen heilen wir. Viele Trauernde halten ihre Tränen zurück, um ihre Umgebung nicht zu erschüttern. Eine Selbsthilfegruppe ist ein guter Ort, weil andere Frauen sagen: Bei mir ist das auch so. Sobald wir ‚ich auch' hören, verringert sich das Gefühl der Einsamkeit und Hoffnung entsteht. Die Heilung findet im Gespräch statt.*
> *Monique Caissie*

9
UNTERSTÜTZUNG

Niemanden zu haben außer meinem Ehemann, war das Schwierigste. Ich brauchte jemanden, der auch am gleichen Punkt war, der das Gleiche wie ich erlebt hatte.
Carly Marie Dudley

WAS DU LERNEN KANNST

Unterstützung ist ein äußerst wichtiges Thema, wenn nicht das wichtigste überhaupt, da verwaiste Eltern oft missverstanden werden, nicht aus Böswilligkeit, aber wegen der Unfähigkeit der Helfer, wirklich mit den Eltern mitzufühlen.

Dieses und die folgenden drei Kapitel sind von trauernden Eltern gelesen und redigiert worden. Alle haben den Inhalt von Herzen unterstützt. Es steht dir frei, den Inhalt mit den Personen zu teilen, die dich unterstützen. Es wird ihnen helfen, dich besser zu verstehen.

HELFER IN DEINEM UMFELD

Je nachdem, an welcher Stelle du dich im Trauerprozess befindest, benötigst du mehr oder weniger Unterstützung. Manchmal möchtest du lieber allein gelassen werden. Zu anderen Zeitpunkten würdest du dich über Menschen freuen, die da wären – diese jedoch denken, du brauchst Zeit, und bleiben weg. Schauen wir die verschiedenen Wege an, wie du Hilfe bekommen kannst.

> **REFLEKTIONEN FÜR TRAUERNDE ELTERN**
> Bedenke, dass frühzeitige Unterstützung wichtig ist, um dir in deinem Trauerprozess zu helfen. Eure Bedürfnisse miteinander auszutauschen, muss zur täglichen Priorität werden.

In einem Interview von Victor Yalom mit Kenneth Doka (Juli 2010, Psychotherapy.net) bestätigt Doka Untersuchungen, welche belegen, dass 80 bis 90% der trauernden Menschen generell ohne formelle Interventionen zurechtkommen. Die Studien ergeben auch, dass diese Personen eventuell Trauerbegleitung in Anspruch nehmen, um ihre Erfahrung zu normalisieren und zu bestätigen, dass sie auf dem richtigen Weg sind. Generelle Validation kann auch durch Bibliotherapie, psychoedukative Seminare, Selbsthilfegruppen oder auch Kurzzeittherapien erfolgen. Andere hingegen brauchen vielleicht größere Interventionen.

Da es sich beim elterlichen Verlust um einen sehr bedeutungsvollen Verlust handelt, ist eine lange Erholungs- und Genesungszeit nötig. Ich denke, dass es fast allen Eltern gut tun würde, irgendeine Art professioneller Unterstützung zu beanspruchen. Von den Personen, die meine Umfrage beantwortet haben, waren 80% ebenfalls dieser Meinung.

Familie und Freunde

Sowohl die Familie meines Mannes als auch meine eigene Familie lebten so weit entfernt, dass sie nicht unmittelbar präsent sein konnten. Glücklicherweise konnten wir auf die Unterstützung von Freunden und meiner Schwester zählen, die aus der Schweiz nach Australien geflogen war, um uns in den ersten Monaten nach der Geburt der Zwillinge zu helfen.

Tagelang war ich nicht fähig, mehr als das absolut Nötigste zu kommunizieren. Ich bin immer noch so überwältigt von der Fähigkeit meiner Freunde, die zu wissen schienen, was es bedeutete, präsent zu sein, auch wenn ich wortlos blieb. Ihre Unterstützung war praktischer Natur, aber sie gaben auch viel durch ihre verständnisvolle Anwesenheit. Dafür werde ich ihnen ewig dankbar sein. Es wäre uns nicht möglich gewesen, ohne ihre Unterstützung zu funktionieren.

Viele von uns können sich glücklich schätzen, solche Freunde und Familienmitglieder in der Zeit nach dem Verlust um sich herum zu haben. Die verwaisten Eltern aus meiner Umfrage berichteten von positiven und hilfreichen Unterstützungserfahrungen, aber auch von den weniger hilfreichen Erfahrungen aus ihrem Umfeld.

Genauso wie die Mutter und der Vater mit der Situation nach dem Kindsverlust überfordert sind, so sind es auch die Familienangehörigen und Freunde. Ihre Reaktion zeigt uns, ob und wie sie mit dieser Überforderung umgehen können. So wirst du möglicherweise auch mit wenig hilfreichen Kommentaren und Klischees konfrontiert worden sein.

Denk daran, dass Leute manchmal sprechen, bevor sie denken. Vergegenwärtige dir, dass es die Absicht deiner Freunde ist, dir zu helfen.
Gavin Blue

In den unmittelbaren Tagen nach dem Verlust fühlten wir uns als Eltern gelähmt, unfähig auch nur die einfachsten Dinge zu erledigen, wie zum Beispiel einkaufen, kochen, putzen oder andere Aufgaben zu bewältigen. Es war unmöglich, klar zu denken, und wir waren mit den kleinsten Dingen überfordert. Ich erinnere mich an meine beste Freundin, die eine Liste mit meinem Ehemann schrieb. Sie füllte die Geburtsformulare für unsere beiden Töchter aus. Eine andere Freundin organisierte Freunde, die, sobald wir wieder zu Hause waren, für uns kochten und die Mahlzeiten vorbeibrachten, sodass wir unsere

Energie nicht mit einkaufen und kochen verschwenden mussten. Meine Schwester Michele, die seit dem Tag vor der Geburt bei uns war, half mit allem und jedem: von Kleider waschen bis zu Geburts- und Todesanzeigen versenden. Und es gab unzählige Freunde, die mit der Organisation der Feier von Hopes kurzem Leben halfen. Dafür werde ich immer dankbar bleiben.

REFLEKTIONEN FÜR TRAUERNDE ELTERN

Tipps für Trauernde: Werde dir klar darüber, von welchen Freunden und Familienmitgliedern du dich wirklich unterstützt fühlst. Bitte sie um spezifische Hilfe. Mach eine Liste von Dingen, die du delegieren kannst und willst. Du wirst feststellen, dass es unter deinen Freunden und Familienmitgliedern einige mit großem Organisationstalent gibt. Diese fühlen sich geschätzt, wenn sie helfen können und es etwas Wichtiges gibt, das sie für dich erledigen können.

Tipps für Freunde und Familienmitglieder der trauernden Eltern: Neben der Beratungstherapie wurden in meiner Umfrage Freunde und Familienmitglieder, die mit den Eltern im Gespräch bleiben, als sehr hilfreich empfunden.
Falls du eine unterstützende Rolle einnimmst, dann achte darauf, dass du die Kommunikation aufrecht erhältst. Stell den Eltern Fragen und kläre ab, ob sie deine Hilfe brauchen oder ob sie lieber Zeit allein hätten.
Vermeide Sätze wie zum Beispiel: ‚Die Zeit heilt alle Wunden' oder ‚Dein Kind ist in Gottes Hand'. Jegliche Klischees kreieren mehr Distanz und negieren den von den Eltern empfundenen Schmerz.
Biete praktische Hilfe an, wie zum Beispiel: eine Mahlzeit kochen, tägliche Arbeiten übernehmen, Kleider waschen, Lebensmittel einkaufen, kleine Dinge erledigen, bei der Organisation des Begräbnisses mithelfen oder Listen mit den Dingen erstellen, die es noch zu tun gibt.

Spitalangestellte

In unserem Fall, als Hope am dritten Tag ihres Lebens starb, waren wir immer noch im Spital. Ananda Mae war in der Intensivstation für Frühgeborene und wurde rund um die Uhr betreut. Auch ich wurde außerordentlich gut von den Krankenschwestern betreut. Unseren Umständen entsprechend wurden wir auf der Station für Mütter vor der Geburt ihrer Babys stationiert, das war sehr feinfühlig. Das ersparte mir, ständig mit gesunden Neugeborenen konfrontiert zu werden, und ich musste mich nicht mit den überfreudigen Eltern und ihren Besuchern auseinandersetzen. Ich musste ebenfalls nicht mit der zusätzlichen emotionalen Belastung der nächtlich schreienden Neugeborenen umgehen. Ich konnte mich wenigstens ausruhen, auch wenn ich nachts nicht schlafen konnte.

Es kann sein, dass deine Situation meiner ähnelt oder auch nicht. Als Hope starb, war ich von Menschen umgeben, die das Unmögliche zu verstehen schienen. Sie konnten mir bei dieser Erfahrung beistehen. Ich erinnere mich noch genau an die Krankenschwestern, die Hope an den Tagen, an denen sie lebte, betreuten. In der Nacht, als Hope fast starb, und ich in die neonatologische Abteilung kam, nahm die Krankenschwester mich sanft in die Arme. Sie erklärte mir Hopes Zustand auf liebevolle Art und Weise. Mein Ehemann war in dieser Nacht nach Hause gefahren und zu dem Zeitpunkt auf dem Rückweg ins Krankenhaus, aber er war noch nicht da. Ich war alleine und trotzdem umgeben von mitfühlenden Menschen. Ich fühlte mich trotz sauberem und sterilem Spitalraum, mit den lauten Maschinen und weinenden Babys liebevoll aufgehoben.

Unglücklicherweise sind nicht alle Spitalangestellte und Mitarbeiter so gut ausgebildet oder natürlich gut darin, trauernde Eltern zu unterstützen. Es gibt Länder, in denen es den Eltern immer noch nicht erlaubt ist, ihre Babys zu sehen, nachdem sie gestorben sind. Das wird sich hoffentlich ändern, aber nur wenn wir als verwaiste Eltern darüber sprechen und unsere Bedürfnisse kundtun.

Wenn du Eltern in dieser Situation unterstützt, dann versuch sie auf die bestmögliche Art zu unterstützen. Denk auch daran, dass das, was für die einen hilfreich ist, für die anderen genau das Gegenteil bedeuten kann.

> **AUFGABE FÜR DIE BEZIEHUNG**
>
> Teilt einander mit, was ihr braucht.
> Seid euch bewusst, dass sowohl physische, als auch emotionale Bedürfnisse unterschiedlich sein können.
>
> Dein Partner kann vielleicht besser mit den Spitalangestellten sprechen und du kannst vielleicht besser eure Familienmitglieder und Freunde um Hilfe bitten, wenn die Spitalangestellten die Bedürfnisse nicht befriedigen können.

Sozialarbeiter

Ich erinnere mich genau an die Frau, die uns am Morgen, nachdem wir uns entschieden hatten, die Beatmung auszuschalten, begegnete. Als sie begann, mit uns zu sprechen, fragte ich mich: ‚Wer ist das?' Sie trug normale Straßenkleider und nicht die übliche Krankenschwesteruniform. Obwohl sie sich wohl vorgestellt hatte, hatte ich keine Ahnung, wer sie war. Ich bemerkte jedoch, dass sie sehr fürsorglich war und mit ihrer ganzen Anwesenheit sagte: ich bin hier für euch. Sie war die Sozialarbeiterin des Spitals. Anschließend begleitete sie uns Schritt für Schritt und stand uns bei allen Entscheidungen zur Seite bis zu dem Moment, als wir Hope zum letzten Mal sahen und uns von ihr verabschieden mussten.

> **REFLEKTIONEN FÜR TRAUERNDE ELTERN**
>
> Trauernde Eltern haben mir mitgeteilt, wie wichtig es ist, Unterstützung von Sozialarbeitern zu erhalten, die auch wirklich hilfreich ist. Falls die Person, die euch zugeteilt worden ist, nicht zu euch passt, fragt nach jemand anderem oder findet mithilfe der Spitalangestellten oder eines/einer Therapeuten/in eine Alternative.
>
> Teilt euch als Paar eure Bedürfnisse mit. Frage deinen Partner, was er oder sie über die Sozialarbeiterin/den Sozialarbeiter denkt. Es mag einem von euch einfacher fallen, mit den Sozialarbeitern zu kommunizieren und eure Bedürfnisse mitzuteilen.

Selbsthilfegruppen

Ob du eine Gruppe besuchen möchtest oder nicht, hängt von deinen persönlichen Bedürfnissen und dem Trost ab, den du erfährst, wenn du dein Leid mit einer Gruppe teilen kannst oder wenn du die Geschichten anderer Betroffener hörst und erfährst, wie sie mit der Trauer umgegangen sind.

Mein Mann und ich haben eine Gruppe für trauernde Eltern besucht, und ich habe später alleine an einer Jahresgruppe für Angehörige von Suizidtoten teilgenommen. In beiden Fällen fand ich die Erfahrung äußerst hilfreich. Das Wissen, dass ich nicht alleine mit meiner Erfahrung bin, und die Normalisierung der Reise durch die verschiedenen Emotionen waren Balsam für meine Seele.

Es gibt sowohl Gruppen, die von anderen Betroffenen geleitet werden, als auch Gruppen, die von einer qualifizierten Person geführt werden. Der Vorteil der Betroffenengruppen besteht darin, dass alle Mitglieder die gleiche Erfahrung gemacht haben. Man ist also unter Gleichgesinnten. Die Vorteile einer geleiteten Gruppe, die zum Beispiel von einer Spitalsozialarbeiterin oder einem Trauerzentrumsmitarbeiter geleitet werden, bestehen darin, dass die Person beruflich ausgebildet und auf das Thema Trauer spezialisiert ist.

> **REFLEKTIONEN FÜR TRAUERNDE ELTERN**
>
> Diese Art von Unterstützung ist hilfreich für Personen, die gerne andere Personen in ähnlichen Situationen treffen möchten und ihre Geschichten anhören wollen. Achte darauf, dass die Gruppe gut geführt ist und sei bemüht, auf positive Art mit der Veränderung umzugehen. Falls die Gruppe ein Ort ist, wo die Betroffenen mit ihren Geschichten um Mitleid eifern, dann kann es sein, dass du aus der Gruppe kommst und fühlst, die Welt ist ein schrecklicher Ort. Frage dich, ob das für dich wirklich hilfreich ist.

Wenn du intuitiv trauerst, kann es sein, dass eine Gruppe, deren Fokus auf Trauererfahrung ruht, hilfreich ist. Wenn du andererseits eher instrumentell trauerst, kann eine problemorientierte Gruppe, die darauf fokussiert ist, Lösungen zu finden, zum Beispiel ‚Wie man alleinerziehende Mutter oder Vater sein kann', hilfreich ist.

Sobald dir klar ist, welche Art von Unterstützung du dir von einer Gruppe wünschst, frag deine Krankenschwester, deinen Arzt oder eine andere betroffene Familie, ob sie dir eine geeignete Gruppe empfehlen können.

Achte in jedem Fall darauf, ob die Gruppe auf eine Art geleitet wird, die für deine Heilung hilfreich ist.

> **REFLEKTIONEN FÜR TRAUERNDE ELTERN**
>
> Es ist empfehlenswert, eine Gruppe für trauernde Eltern zu besuchen, entweder alleine oder zu zweit. Mütter und Väter sehen und hören andere Väter und Mütter und erfahren, wie diese sich jeweils ausdrücken oder auch nicht. Sie werden ebenfalls erleben, wie die anderen Väter und Mütter mit ihrem Schmerz umgehen.

Die Selbsthilfegruppen haben mir wirklich geholfen, den Traueransatz meines Mannes zu verstehen. Ich habe gelernt, wie Männer [als ihre Art des Trauerns] sich auf etwas konzentrieren, was sie kontrollieren können.
Alexa Bigwarfe

Online-Selbsthilfegruppen

Eine weitere Art, sich Unterstützung zu suchen, ist, sich bei Onlineforen oder Facebook-Gruppen zu beteiligen (siehe Ressourcen im Anhang). Einige dieser Onlineforen werden (gut) moderiert, andere werden überhaupt nicht oder nur schlecht moderiert. Sei dir klar darüber, was du mit wem teilen möchtest. Es besteht ein großes Risiko, auf Missverständnisse und schmerzliche Kommentare von Leuten, die ihren Schmerz auf andere projizieren, zu treffen. Meiner Meinung nach, ist es nicht möglich im Internet Vertrauen aufzubauen wie von Angesicht zu Angesicht. Die Vorteile dieser Foren sind, dass sie oft gratis sind, und dass du auch stiller Leser sein kannst, ohne dich beteiligen zu müssen, wenn du dich nicht danach fühlst.

Bevor du persönliche Informationen teilst, wie zum Beispiel Fotos deines Babys oder Kindes, denk an die potenziellen emotionalen Folgen. Sobald du Bilder ins Internet gestellt hast, sind sie öffentlich zugänglich und können demzufolge kopiert und geteilt werden.

BERATUNG/PSYCHOLOGISCHE UNTERSTÜTZUNG

Obwohl ich ausgebildete Therapeutin für Trauerbegleitung bin, wusste ich auch, dass ich externe Hilfe benötigen würde. Sobald es mir möglich war, meine Tochter für einige Stunden bei meiner Schwester zu lassen, besuchte ich eine auf Trauer spezialisierte Psychologin. Obwohl ich die Trauererfahrung verstand, war ich mir sehr wohl bewusst, dass ich nicht gleichzeitig trauern und mein kognitives Wissen an mir selbst nutzen kann.

Mehr als 40% der verwaisten Eltern die meinen Fragebogen ausgefüllt haben, nannten folgende Tipps, die sie anderen trauernden Eltern auf den Weg geben wollten:
- Einen Therapeuten besuchen
- Früher eine Therapie anfangen
- Einen neuen Therapeuten suchen, wenn derjenige, den sie gefunden hatten, nicht hilfreich war

Mehr als 75% der Befragten meiner Umfrage bestätigten, dass ihnen das Sprechen über das Baby oder Kind am wichtigsten war.

Es ist hier speziell von Relevanz, ob deine Therapeutin professionelles Training besitzt, aber keine persönliche Erfahrung mit Verlust hat, und sie darum noch an einem veralteten Trauermodell festhält, sodass sie erwartet, dass deine Trauer nach einer gewissen Zeit beendet sein sollte. Dies entspricht weder meiner persönlichen Erfahrung noch der Erfahrung anderer ausgebildeten Trauerexperten, inklusive Kollegen, die auch eine persönliche Erfahrung mit dem Verlust eines lieben Menschen gemacht haben.

Gemäß dem Trauerexperten Kenneth Doka ist die Arbeit mit nur einer einzigen Trauertheorie veraltet. Dasselbe gilt für Trauerexperten, die davon ausgehen, dass der Trauerprozess eine bestimmte Zeitspanne einnehmen soll. (Lies auch ‚Der wichtigste Aspekt in allen Trauertheorien' Kapitel 7)

Frag eine Person, der du vertraust, zum Beispiel deinen Arzt, eine Freundin, die auch ein Verlust erlebt hat, einen Pfarrer oder in einer Beratungsstelle vor Ort, ob sie dir jemanden empfehlen können. Als Alternative kannst du auch im Internet nach Empfehlungen für psychologische Unterstützung in deiner Gegend suchen, wenn du persönliche Kontakte bevorzugst. Am Ende dieses Buches findest du auch weitere Vorschläge und Ressourcen.

Es ist möglich, Online-Selbsthilfegruppen sowie Berater und Begleitpersonen zu finden, die mit dir persönlich arbeiten können. Heutzutage ist dies auch via Computer möglich. Wenn du eine Person findest, mit der du arbeiten möchtest, dann erkundige dich nach deren Ausbildung und professioneller Erfahrung, Arbeitsethik und den Berufsverbänden, denen sie angehört. Da es an manchen Orten möglich ist, sich mit wenig oder keinem Training, ohne Ausbildung oder professioneller Weiterbildung als Therapeut oder Coach zu vermarkten, sollte man bei der Wahl einer Vertrauensperson aufmerksam und vorsichtig vorgehen.

Auf der Webseite findest du einen Leitfaden, um die geeignete Unterstützung zu finden:
www.trauerndeeltern.net/unterstutzung-finden/

> **REFLEKTIONEN FÜR TRAUERNDE ELTERN**
>
> Männer und Frauen benötigen unterschiedliche Hilfe. Sie nehmen auch unterschiedlich wahr, ob sie Hilfe brauchen oder finden wollen. Ob dein Partner einen Therapeuten besuchen will oder nicht, ist weniger wichtig, als dass du deine eigenen Bedürfnisse erkennst und ihnen nachgehst.
> Vielleicht möchtest du das Thema diskutieren oder du fragst deinen Partner, ob er dich zu deiner Therapie begleiten möchte. Seid ehrlich mit euch selbst und zueinander, denkt daran, einander nicht gegenseitig überzeugen zu wollen, etwas zu tun, was der andere gar nicht will.

GLAUBEN, SPIRITUELLE UND RELIGIÖSE UNTERSTÜTZUNG

Ob du einen religiösen Glauben (oder Spiritualität) praktizierst oder nicht – dies ist weniger wichtig, als wie du zu deinem Glauben in der Zeit nach dem Verlust stehst. Einige fühlen sich verlassen von ihrem

Glauben oder ihrer spirituellen Überzeugung, andere wiederum finden Trost in ihrer Religion.

Unterschiedliche Reaktionen auf religiöse Aspekte können für eine Beziehung zur Belastung werden, speziell dann, wenn ein Elternteil seinen Glauben verliert und der andere nicht oder wenn der eine mehr Trost in der Religion als der andere findet.

Wenn du einer Religion folgst, ist es ratsam, sich an den Priester, Rabbi oder Pfarrer zu wenden.

Es ist nicht die Absicht dieses Kapitels, die verschiedenen religiösen Traditionen und Rituale oder deren Wirksamkeit abzuwägen. Verwaiste Eltern haben sehr unterschiedliche Gefühle zu diesem Thema. Es ist ein sehr sensibles Thema und benötigt Zeit und Geduld. Was man in einem Moment als wahr betrachtet, kann später ganz anders aussehen.

> **REFLEKTIONEN FÜR TRAUERNDE ELTERN**
>
> **Wenn du Eltern unterstützt**, sei dir bewusst, dass dies ein heikles Thema ist. Am besten ist es, wenn du jegliche Kommentare zum Thema Religion weglässt, auch wenn du die religiösen Überzeugungen der Eltern teilst. Nach einem Verlust wird möglicherweise alles hinterfragt und bezweifelt.
>
> **Als verwaister Elternteil** lass dir Zeit und Raum, um herauszufinden, wie du zu deinem Glauben, deiner Religion oder Spiritualität stehst. Nimm die Meinungen anderer Leute nicht an, wenn sie momentan nicht zu dir passen. Glaub an dich selbst und hör auf deine innere Stimme.

Übernimm Verantwortung und erlaube dir selbst, zu entscheiden, welche Art der Hilfe aus all den unterschiedlichen Unterstützungsvorschlägen, die hier aufgelistet sind, am besten zu dir passt. In der Verletzlichkeit der Trauer kann dein Instinkt unter Umständen mehr Zeit brauchen, um eine Entscheidung zu treffen.

AUFGABE FÜR DIE BEZIEHUNG

Durch einen Verlust ist es gut möglich, dass sich der religiöse oder spirituelle Glauben deines Partners verändert. Erlaubt auch hier diese Unterschiede und gebt einander Zeit.

Halte dich zurück und versuch, keinen Druck auf deinen Partner auszuüben oder sie/ihn überzeugen zu wollen, gewisse religiöse Traditionen oder Rituale zu befolgen oder nicht.

10
Deine innere Stütze

Wir haben über vieles in unserem Leben keine Kontrolle, aber wir können kontrollieren, welche Bedeutung wir den Dingen zumessen.
                                    Nathalie Himmelrich

Was du lernen kannst

Die Umstände, durch welche dein Kind gestorben ist, führen zu einer individuellen Trauererfahrung, die ganz unterschiedliche Bedürfnisse nach Unterstützung mit sich bringt. Noch wichtiger als die äußeren Umstände ist, was in deinem Inneren passiert: was du denkst, glaubst, fühlst und welche Bedeutung du dem Verlust zumisst. Ich werde dies im Folgenden ‚das Innere Spiel der Trauer' nennen.

Das innere Spiel der Trauer

Timothy Gallaway hat den Begriff ‚das Innere Spiel' (The Inner Game) 1974 in seinem Buch *The Inner Game of Tennis* geprägt und erklärt: „Es wird im Inneren immer etwas im Verstand abgespielt, egal was für eine

Art Spiel man nach außen spielt. Wie man dieses Spiel im Inneren für sich nutzt, macht den Unterschied zwischen Erfolg und Misserfolg." Er hat seither eine Reihe von Büchern zum Thema ‚das Innere Spiel' geschrieben (siehe die Referenzen im Anhang).

Dein Inneres Spiel der Trauer – deine Gedanken, Gefühle, und Glaubenssätze – bestimmt die Darstellung deines Verlustes; wie du Bedeutung zumisst, kreierst und veränderst; wie du mit existenziellen Fragen umgehst und wie groß deine Resilienz (Widerstandsfähigkeit) ist. Das Innere Spiel verändert und passt sich über die Zeit an die emotionalen, physischen, mentalen und spirituellen Aspekte deiner Trauerreise an. Zu Beginn glaubst du vielleicht, dass du keinerlei Kontrolle über deinen emotionalen Zustand besitzt. Aber mit der Zeit wirst du eine Veränderung feststellen, wenn du mehr Kontrolle darüber erlangst, wie und was du über deine Situation denkst und fühlst.

Dieser Fortschritt ist nicht linear. Manchmal macht ein Auslöser dich plötzlich unfähig, irgendeinen Sinn im Leben nach dem Verlust zu erkennen. Lass dir Zeit. Übe dich regelmäßig in der zielgerichteten, bewussten Bedeutungskreation, wie ich sie später beschreibe.

Deine Erinnerung an den Verlust

Die Art, wie du deinen Verlust in Erinnerung hältst und darstellst, bildet die Grundlage für dein Trauererlebnis. Diese Erinnerung und Darstellung ändern sich mit der Zeit, entweder von selbst oder wenn du aktiv am Prozess teilnimmst. Die Veränderung und Anpassung können dir helfen, besser mit deinem Erlebnis umzugehen.

Deine Erinnerung basiert auf visuellen, kinästhetisch und auditiven Komponenten sowie auf deinem inneren Dialog (Gedanken, Glaubenssätze, interne Skripte).

Visuelle Repräsentationen

Visuelle Repräsentationen sind Bilder und Erinnerungen, an denen du dich festhältst. Sie bestehen aus allem, was du auf der Leinwand deines Verstandes siehst, wenn du an deinen Verlust denkst, zum Beispiel Bilder deines Kindes, ein Symbol das du mit ihm oder ihr verbindest, das Grab oder die Gedenkstätte deines Kindes.

Wenn die Sonne durch die Wolken kommt, dann weiß ich, sie ist hier. Sie ist nicht gegangen.
Martina Sandles

Kinästhetische Repräsentationen

Kinästhetische Repräsentationen bestehen aus deinen Gefühlen, Berührungen und allen physischen Erinnerungen, die du aufbewahrt hast und an die du dich erinnerst. Es ist also das, was du fühlst und erlebst, wenn du an deinen Verlust denkst. Beachte die Traurigkeit und Verlustgefühle, die du empfindest, wenn du an sie oder ihn denkst, die Wut über die Ungerechtigkeit oder die Erinnerungen an das letzte Mal, als du dein Baby oder Kind in den Armen halten durftest.

Auditive Repräsentationen

Auditive Repräsentationen sind all das, was du hörst oder gehört hast und für dich in Verbindung zu deinem Verlust steht. Zum Beispiel: der Ton der Maschinen in der Neonatologie, ein spezielles Lied oder vielleicht die Glocken der Kirche, in der die Beerdigung stattfand.

Innerer Dialog

Der innere Dialog beinhaltet das, was du dich selber sagen hörst, was du von dem, was andere gesagt haben, verinnerlicht hast und du nun in deinem Geiste hörst. Es sind die Gespräche, die die verschiedenen Teile deines Selbsts miteinander führen. Zum Beispiel deine Antworten auf die Gespräche mit den Ärzten, welche in deinem Kopf widerhallen oder die sich ständig wiederholenden Fragen ‚Warum?' und ‚Was wäre wenn?'. Alles, was du dir selber immer wieder wiederholst, wird mit der Zeit zum Glaubenssatz oder zu einer deiner Wahrheiten.

Was du in Bezug auf deinen Verlust glaubst, wie zum Beispiel:
- es ist unfair
- das hätte nicht passieren sollen
- der Tod kam zu früh oder zu spät
- ich hatte keine Zeit, mich auf den Tod vorzubereiten
- der Tod meines Kindes ist etwas, wofür ich mich schämen muss

Was du in Bezug auf deinen emotionalen, physischen und mentalen Zustand glaubst:
- ich muss mich zusammennehmen
- es ist zu viel, das schaffe ich nicht
- wie ich mich fühle, ist normal – es ist gut für mich, meine Trauer auszudrücken

BEDEUTUNGEN ZUMESSEN, SCHAFFEN UND VERÄNDERN

Einer der wichtigsten menschlichen Instinkte umfasst die Art, wie wir Bedeutung zumessen und erfinden. Indem wir unser selbstreflexives Bewusstsein nutzen, ist es uns möglich, einer Erfahrung verschiedene Bedeutungsschichten zuzuordnen. Es gibt mehrere Bedeutungsebenen und viele verschiedene Arten, Bedeutung zu schaffen und Einzelheiten zu ergänzen, die schließlich unser Leben definieren.

Bedeutungskreation ist der Schlüsselfaktor, der richtig genutzt großen Einfluss auf Veränderungen, weiterführende Entwicklungen, Transformation und die Qualität unseres Lebens nach dem Verlust hat.

Ob du dein Baby am Ende der Schwangerschaft, durch eine Fehlgeburt oder aufgrund einer erfolglosen Implantation bei einer IVF-Behandlung verloren hast, ist weniger maßgebend als deine persönliche Erfahrung und die Bedeutung, die du deiner Situation zumisst. Wenn dies nicht der Fall wäre, dann würden zwei Mütter, die, nachdem sie ihre Kinder tot geboren haben, nebeneinander im Spitalbett liegen, genau dieselbe Erfahrung machen und dieselben emotionalen

Reaktionen zeigen. Die Bedeutungen, die du kreierst sind verantwortlich für deinen Zustand (wie du denkst und fühlst).

> *Bedeutung ist ein entscheidender Faktor in der menschlichen Natur. Es gibt nichts Essenzielleres oder Grundsätzlicheres, das unsere Erfahrungen beeinflusst. Schließlich gibt es keine Erfahrung oder kein Ereignis, das uns irgend etwas fühlen lässt. In sich selbst hat keine Erfahrung eine Bedeutung. Bedeutung an sich ist nicht Teil eines Ereignisses. Bedeutung ist das, was wir erschaffen und den Erfahrungen zuschreiben. Es sind diese Bedeutungen, die unsere Gefühle kreieren.*
> Dr. L. Michael Hall (2011)

Verschiedene Arten von Bedeutung

Die Zumessung von Bedeutung ist ein natürlicher Aspekt des unbewussten menschlichen Denkens. Wenn du etwas siehst, hörst oder fühlst und du eine Schlussfolgerung ziehst, dann gibst du einer Situation automatisch eine Bedeutung: ‚Ich sehe dieses rote Zeichen auf ihrer Stirn und es sieht aus wie Engelsflügel. Das bedeutet ‚sie ist eine spezielle Seele' oder ‚Ich fühle mich ängstlich und traurig, das bedeutet wohl, ich sollte lieber nicht ...'

Bedeutung kreieren ist ein bewusster Prozess. Wenn du einen Schritt weiter gehst nach dem unbewussten Zumessen von Bedeutung, kannst du dich zum Beispiel fragen: ‚Was könnte dies sonst noch bedeuten?' oder ‚Ist diese Bedeutung hilfreich und wenn nicht, welche andere Bedeutung wäre hilfreicher?'

Die Kreation von Bedeutungen ist eine ungenutzte Ressource und ein Vorteil des Menschseins. Bedeutung verändern, indem man sie neu erschafft, bedeutet, dass du sie an deine momentane Situation anpasst.

Wie gelange ich von der Bedeutungszumessung zur Bedeutungsschaffung?

In der Selbsthilfegruppe für verwaiste Eltern erzählte uns ein Mann von der Bedeutung, die er dem Schmerz des Verlustes seiner Tochter gegeben hatte. Er wollte diese Wunde (den Schmerz) nicht heilen, da die Wunde die Verbindung zur Tochter symbolisierte. Fast drei Jahre nach ihrem Tod und nach der Geburt seiner zweiten Tochter empfand er: ‚Es wurde mit der Zeit einfacher.' Seine Frau sagte, dass sie immer noch jeden Tag an ihre erstgeborene Tochter denkt. Manchmal muss sie sich sogar zwingen, an sie zu denken, da sie sich sonst schuldig fühlt.

Für eine gewisse Zeit ist es normal, wenn traurige Gedanken an das Vermissen oder das Wissen, dass du dein Kind nicht aufwachsen sehen wirst, in deinem Kopf kreisen. Wenn das Vermissen oder die Traurigkeit deine einzige Erfahrung ist und sich über längere Zeit nicht verändern, stell dir Fragen über die Bedeutungen, die du kreiert hast, und ob sie dir noch dienen. Wenn du feststellst, dass sie dir nicht mehr helfen oder deine momentane Situation nicht mehr ideal repräsentieren, dann ist es an der Zeit, sie zu erneuern.

Besuch die Webseite **www.trauerndeeltern.net/bedeutungskreation/** und lies mehr zum Thema Bedeutungskreation.

Die Bedeutung deines Kindes und seines Todes ergibt sich nicht durch die Umstände oder den Zeitpunkt des Todes, sondern ist Teil deiner psychologischen Anlage und der Fähigkeit, Bedeutung zu schaffen. Wir messen Situationen und Dingen Bedeutungen zu und wir können sie erneuern, wenn sie nicht mehr zum heutigen Zeitpunkt passen.

Die Bedeutung einer Schwangerschaft ist ganz sicher anders, wenn du 17 bist und deine Schwangerschaft ungeplant war oder wenn du 40 bist und deinen 13. erfolglosen IVF-Versuch hinter dir hast. Die Bedeutung, ein Kind zu haben, wird höchstwahrscheinlich unterschiedlich sein für eine alleinerziehende Mutter oder für eine Frau, die auf die Hilfe eines liebenden Partners und der Großeltern zählen kann.

Viele verwaiste Eltern haben Hilfsorganisationen ins Leben gerufen, Geld gesammelt oder einen Beitrag im Namen ihres verstorbenen

Kindes geleistet. Einige kreieren Bedeutung, indem sie ein Vermächtnis im Namen ihres Kindes hinterlassen oder indem sie ein Leben führen, auf das ihr Kind stolz sein würde.

Bedeutungsschaffung ist von Natur aus ein dynamischer Prozess. Bedeutungen werden sich mit jedem Mal, wenn du an ein Ereignis denkst oder eine Erinnerung an dein Kind hervorrufst, verändern. Dieser Prozess nennt sich im Englischen ‚framing and reframing', was so viel bedeutet wie einen Rahmen geben und dann wieder einen neuen Rahmen schaffen. Diese Bedeutungsrahmen, die wir einer Erfahrung geben, können sowohl hilfreich als auch schmerzlich sein.

Ich entschied mich, vorwärts zu gehen. In diesem Moment realisierte ich, dass ich mehr Gutes tun konnte, indem ich nicht weiter in meinen Sorgen verweilte. Das heißt nicht, dass es nicht in Ordnung ist – jeder trauert unterschiedlich. Wenn es das ist, was für dich funktioniert, dann tu es, aber für mich funktionierte es nicht.

Alexa Bigwarfe

Besuch die Webseite
www.trauerndeeltern.net/bedeutungskreation/
auf der du Fragen findest, die dich dazu ermuntern werden, neue reichere Bedeutungen zu schaffen.

Kulturelle Unterschiede = unterschiedliche Bedeutungsschaffung

Tim Morrison, der Redakteur meines englischen Buches und Spitalpriester, lebte früher in Ghana und erzählte, dass die Leute dort in ihrer Sprache keine richtige Zukunftsform kennen und deshalb das Potenzial nicht so betrauern wie wir. Sie messen eine andere Bedeutung zu. Sie trauern um das, was sie kennen. Da sie nur sehr wenig über ein Kind oder einen Jugendlichen wissen, trauern sie diesen weniger nach als einem Erwachsenen. Allerdings kann sich eine ältere Person an ein ganzes Leben erinnern, darum trauern sie dem nach, was gewesen ist, und nicht dem, was nicht geschah oder nicht mehr geschehen kann.

Tim berichtete mir von einem Freund aus Nigeria, der kürzlich seine Frau und Tochter bei einem Autounfall verloren hatte. Als dieser vom Begräbnis zurückkehrte, erklärte er ihm, dass die Trauer für seine Frau grösser war, als die für seine Tochter. Er fügte hinzu: *„Ich habe noch andere Kinder und diese haben wiederum ihre Kinder. Unsere Familie hat eine Zukunft. Meine Frau und meine Tochter sind gegangen, aber die nächste Generation besteht schon."* Die Trauer ist vollendet, es ist an der Zeit weiterzugehen.

Dieses Beispiel zeigt, dass die Bedeutungen, die wir zumessen und schaffen, nicht durch die Umstände vorgegeben sind, sondern ein Resultat unserer Kultur, unserer Erziehung und dem, was wir denken und glauben. Das verdeutlicht auch, dass das, was gelernt wurde, wieder verlernt, neu gelernt und adaptiert werden kann. Bedeutungen schaffen ist ein Vorteil, den wir als bewusste Menschen haben.

Verantwortung übernehmen für das, was wir denken, ist der Anfang der Bewegung vom automatischen, unbewussten Prozess der Bedeutungszumessung in Richtung bewusster Bedeutungsschaffung. Dies wird Veränderung in deine Gedanken und deine Gefühlen bringen.

BRINGE BEWUSSTSEIN IN DEINE BEDEUTUNGSSCHAFFUNG

Wann und wie

Der Zeitpunkt und die Art, in welcher du dein Kind verloren hast, werden verschiedene Bedeutungen nach sich ziehen. Auf persönlicher Ebene werden deine Glaubenssätze und die Bedeutungen, die du mit deinem Kind und seinem Tod assoziierst, deine Offenheit oder Abneigung bezüglich Unterstützung beeinflussen. Dies wurde kurz in Kapitel 6 angesprochen. In diesem Kapitel werde ich näher drauf eingehen.

Der Tod deines Kindes ...

- kam plötzlich oder nach längerer Krankheit: Plötzlicher Tod führt oft zu Schock, während Zeit dir erlaubt, dich auf den Tod vorzubereiten und Abschied zu nehmen.
- trat unerwartet ein oder war abzusehen: Ein unerwarteter Tod kann zu Schock oder Trauma führen. Wenn der Tod hingegen erwartet worden ist, hat man Zeit, sich vorzubereiten und schon vor dem Tod zu trauern (vorausschauende Trauer).
- war es der erste Verlust oder einer in einer Reihe von mehreren: Beim ersten Verlust sind Eltern nicht auf den Trauerprozess vorbereitet. Auf der anderen Seite können mehrere Verluste nacheinander zu einer Überforderung im Umgang mit der Trauer führen.
- kann erklärt werden oder bleibt unerklärt: Wenn der Tod einen Grund hat, kann der Verstand etwas mehr Ruhe finden. Tod ohne klare Gründe führt oft zu repetitiven Gedanken nach dem Muster: ‚Wenn ich nur wüsste, warum dies passiert ist.'
- passierte durch unverantwortliche Handlung oder durch den Fehler einer bestimmten Person: Wenn du die verantwortliche Person kennst, kann das zu Projektionen oder Schuldzuweisungen führen, eventuell sogar weitere rechtliche Schritte nach sich ziehen. Wenn die unverantwortliche Handlung durch einen Elternteil geschehen ist, kommt es zu extremen Schuldgefühlen.
- bot genug oder keine Zeit, um sich zu verabschieden: Eltern die Zeit und Raum haben, sich zu verabschieden und Rituale zu kreieren, um loszulassen, erleben einen leichteren Trauerprozess.
- passierte im Zusammenhang mit Grausamkeit oder beinhaltete große Schmerzen: Das Wissen oder Erahnen, dass das Kind Schmerzen erleben musste, kann in den Eltern zu viel Wut und emotionalem Schmerz führen.
- geschah durch Suizid: Das Wissen, dass das Kind nicht mehr weiterleben wollte, kann bei den Eltern Schuldgefühle auslösen und Fragen wie ‚Was habe ich falsch gemacht?' aufwerfen.

- ist der des einzigen, des jüngsten, des ältesten, des einzigen Mädchens, des einzigen Jungens: Die Stellung des Kindes in der Familie und deren Bedeutung für die Eltern wird den Trauerprozess maßgebend beeinflussen.

> **REFLEKTIONEN FÜR TRAUERNDE ELTERN**
>
> Nimm dir einen Augenblick Zeit und reflektiere über deine Trauerreise. Hole dir dein Trauerreise-Notizbuch und schreibe deine Erkenntnisse zu den folgenden Fragen nieder:
> - Was bedeuten die Umstände und der Zeitpunkt des Todes deines Kindes für dich?
> - Welche unbewussten Bedeutungen habe ich dem Verlust meines Kindes zugemessen?
> - Wie möchte ich diese Bedeutungen verändern, neu erschaffen, um jetzt vorwärts zu gehen?
> - Lade deinen Partner dazu ein, sich dieselben Fragen zu stellen. Akzeptiere die Unterschiede in den Bedeutungen deines Partners. Schafft zusammen neue Bedeutungen.

EXISTENZIELLE KRISE

Der Tod eines Kindes ist eine existenzielle Krise. Werden wir mit dem Tod konfrontiert, werden oberflächliche Bedeutungen abgestreift. Manche Eltern definieren sich darüber, dass sie Kinder bekommen und sie aufziehen. Es ist oft der tiefste Sinn in ihrem Leben. Eine existenzielle Krise, wie der Tod eines Kindes, zwingt uns, unsere Identität, unsere Bestimmung, den Sinn des Lebens und des Todes zu hinterfragen – und die wahre Essenz dessen, was es bedeutet, am Leben zu sein, und was passiert, wenn wir sterben.

Die Frage der Theodizee

‚Warum passieren guten Menschen schlechte Dinge?' oder ‚Ist das

Gottes Strafe?' sind die meist gestellten Fragen der theologischen Diskussion um das Thema, warum so viel Leid in dieser Welt möglich ist. Religiöse Eltern sind mit der Frage konfrontiert, wie ein gütiger Gott ein derartig großes Leid, wie es der Tod eines Kindes darstellt, erlauben kann.

Jegliche Variation der ‚Warum'-Frage, die nach dem Verlust oft im Kopf kreist, kann dazu führen, den Verlust zu verstärken. Gemäß Doktor L. Michael Hall kann man der ‚Warum'-Frage die semantische Kraft am schnellsten nehmen, wenn man sich darauf fokussiert, zur Akzeptanz zu gelangen. Wenn die ‚Warum'-Frage strapaziert wird, wird die Trauer intensiviert.

> *Viele Menschen wollen wissen ‚warum?' Wenn ich die Antwort wüsste und sie immer noch tot wäre, wäre ich dann in einer besseren Position? Ich würde wahrscheinlich sogar einen Weg finden, gegen die Warum-Antwort zu argumentieren.*
>
> *Paul de Leon*

RESILIENZ (WIDERSTANDSFÄHIGKEIT)

Gemäß Oxford Dictionary benennt Resilienz die Fähigkeit einer Substanz oder eines Objektes, in seine Originalform zurückzuschnellen – Elastizität. Auf persönlicher Ebene ist Resilienz die Fähigkeit, widrige Lebensumstände zu überstehen – Belastbarkeit.

Viele Menschen sind in ihrem Leben Verlusten oder potenziell traumatischen Umständen ausgesetzt, und doch ist es ihnen möglich, weiterhin positive emotionale Erfahrungen zu machen, und sie zeigen nur geringe vorübergehende Störungen in ihrer Fähigkeit, zu funktionieren. Da psychologisches Wissen leider oft nur aus der Erfahrung von Menschen gewonnen wurde, die im Umgang mit Verlust und Trauer behandelt werden mussten oder in großer Not waren, haben Verlust- und Trauertheoretiker diese Art Resilienz als rar oder krankhaft angesehen.

Eine Studie mit 89 belgischen Familien, welche ein Kind verloren hatten, zeigte, dass die Kraft der Familie im Allgemeinen und die Bindung zur Familie im Speziellen den Familien mit der Anpassung nach dem Verlust am meisten halfen. Der Prozess der Anpassung an ein Leben nach dem Verlust wurde zudem unterstützt, wenn die Familie die Krise als Herausforderung betrachtete.
(Im Anhang findest du den Link zur Studie: *Indicators of family resilience after the death of a child [Indikatoren für Familienresilienz nach dem Tod eines Kindes]*).

Die Studie belegte auch, dass sowohl für die Geschwister als auch für die Eltern die Unterstützung, die sie von ihrer Umgebung erfuhren, in direktem Zusammenhang mit der Anpassung an das Leben nach dem Verlust stand. Es wurde hervorgehoben, dass ihre Fähigkeit, die Situation neu zu definieren, und die Unterstützung von Freunden und Familienmitgliedern die effektivsten Bewältigungsstrategien waren. Die Ergebnisse der Studie können bei Interventionen angewendet werden, um die Widerstandsfähigkeit der Familie zu stärken und somit das reparative Potenzial der Familien zu unterstützen.

Resilienz ist die Erfahrung oder der Zustand, der beobachtet werden kann, wenn man zurückschaut und sieht, dass man jedes Mal, wenn das Leben einen umgehauen hat, wieder aufgestanden ist. Es gab viele Momente, in denen ich mich überhaupt nicht resilient fühlte. Ich war am Boden zerstört. Ich verspürte keine Lebensfreude und war auch nicht gerade überzeugt, dass ich weiterleben wollte. Daneben hatte ich meine überlebende Zwillingstochter, die es zu füttern und pflegen galt, was in schlaflosen Nächten endete. Wenn ich zurückschaue, erinnere ich mich an die Ressourcen, von denen ich zehrte, meinen spirituellen Hintergrund und die Entscheidungen, die ich traf.

Resilienz verlangt Zeit. Inspiriert durch viele ermunternde Kommentare schreibe ich dieses Buch. Dies ist nur ein Beispiel der gezielten Kreativität, die aus meiner Trauerreise entstand. Ich lernte zu verstehen, dass das Leben die Schwierigkeiten nicht in sauberen

Fünfjahresabständen verteilt. Ich entschied mich, dem Tod meiner Tochter einen Sinn abzugewinnen und einen Beitrag zu leisten, um das Schweigen rund um den Kindsverlust und Suizid zu brechen.

Gemäß Doktor L. Michael Hall (2002) gibt es fünf Stufen der Resilienz:

1. die Stufe, in der man niedergeschlagen wird/ist
2. die Stufe der emotionalen Achterbahnfahrt, in der deine Emotionen auf und ab gehen
3. die Stufe der Bewältigung, in der du Fähigkeiten entwickelst, um mit den Schwierigkeiten umzugehen und die Probleme zu lösen, die entstanden sind
4. die Stufe des Könnens, in der du gewisse Sachen verstehst und die es dir möglich ist, die Schwierigkeiten zu meistern
5. die ‚ich bin wieder da'-Stufe

Was diese Phasen und Strategien zusammenhält, sind Rahmen (Frames), Bedeutungen und Absichten, die ein selbst-organisierendes Anziehungsfeld in deinem System bilden, wie es der folgende Satz ausdrückt: „Ich weiß, ich werde das überstehen, es ist nur eine Frage der Zeit und des Lernens."

Auch wenn du deine Widerstandsfähigkeit hinterfragst – die Tatsache, dass du dieses Buch liest, ist der Beweis für deine Bereitschaft, dich zu bewegen, die dir zeigt, dass du resilient bist.

Effektive Antworten auf Verlust

Die Idee ist es, sich in Liebe vorwärts zu bewegen und trotz allem ehrlich glücklich zu sein, auch wenn du an den Verlust deines Kindes denkst. Steve und Connirae Andreas (2002) haben nach Interviews mit Hinterbliebenen festgestellt, dass Personen mit den effektivsten Antworten auf den Verlust stark davon überzeugt waren, dass der/die Verstorbene immer noch in jedem Moment bei ihnen präsent war.

Dies wird auch durch die Theorie der anhaltenden Bindung bestätigt. Auch bei diesem Modell findest du Wege, dich anzupassen und die Beziehung mit deinem Kind neu zu definieren, die es dir erlauben, eine anhaltende Bindung zu schaffen, die auf verschiedene Art und in unterschiedlichen Maßen dein Leben lang Bestand hat. Anstatt davon auszugehen, dass das Resultat einer normalen Trauerreaktion die Ablösung ist, wird die anhaltende Bindung als natürliche menschliche Verbundenheit nach dem Tod angesehen.

> *Wenn du morgen sterben würdest, möchtest du deine Lieben traurig oder unglücklich wissen, oder möchtest du, dass sie sich freudig an dich erinnern mit Gefühlen der Liebe und der Wertschätzung für deine speziellen Gaben, während sie ihr eigenes Leben weiterleben? Welchen Weg, denkst du, würde die Person, die du verloren hast, vorziehen?*
> *Steve and Connirae Andreas*

Was würde sich dein Kind wünschen?

Die wichtigste Stütze, die du dir geben kannst, ist, dich um dein inneres Spiel zu kümmern und darauf zu achten, dass dein Einfallsreichtum, deine Resilienz und deine Fähigkeit, Bedeutungen zuzumessen und zu schaffen, erhalten bleiben. Deine Trauergeschichte ist so individuell und unvergleichlich wie dein inneres Spiel.

> *Jeden Tag wache ich auf und wähle Heilung.*
> *Carly Marie Dudley*

11
Unterstützung innerhalb der Beziehung

Ich denke, wir schaffen das, weil ich ihm etwas geben kann und er mir etwas geben kann. Wir haben einander und sind zusammen auf dieser Reise.

Sherokee Ilse

Was du lernen kannst

Die Unterstützung, die du innerhalb einer Beziehung erfährst, bildet die Grundlage für deine Trauererfahrung. Obwohl deine Trauer eine persönliche Reise ist, kannst du, wenn du von der Person, die dir am nächsten ist, verstanden und akzeptiert wirst, eher auf gesunde und selbstreflektierte Art trauern.

Die Stärke des Paares

Verwaiste Eltern, die die Umfrage beantwortet haben, bestätigten, dass sie neben Beratungstherapien auch das Gespräch mit Freunden und Familienmitgliedern brauchten. Es wird Dinge geben, die ihr nur als Paar miteinander besprechen wollt und könnt. Andere Dinge hingegen besprichst du lieber mit einem Freund oder einer Freundin. Sei dir deiner Bedürfnisse bewusst. Denk daran und respektiere, dass sich die Bedürfnisse deines Partners möglicherweise von deinen unterscheiden.

Jegliche Probleme und Schwierigkeiten, die ihr als Paar schon vor dem Verlust hattet, werden danach immer noch da sein. Einige Paare haben bestätigt, dass sie sich einander nach dem Verlust näher fühlten, später jedoch Schwierigkeiten auftraten.

Die Unterschiede in der Art des Trauerns sowie Abweichungen in der Trauerzeitlinie sind sowohl zwischen Frauen und Männern als auch von einer Mutter zur anderen vorhanden. Vergleiche weder eure Trauerstrategien noch solltest du Vorschläge machen, wie und wann dein Partner trauen sollte. Derartige Vorschläge oder Erwartungen führen zu Missverständnissen und verursachen einen Rückzug in der Beziehung.

Tipps von verwaisten Eltern aus der Befragung konnten unterstreichen, wie wichtig es ist, die Art, wie dein Partner trauert, mit Toleranz, Geduld und Ehrlichkeit zu akzeptieren. Akzeptiere die Gefühle und erlaube die Vielfalt, die es uns ermöglicht, mit schwierigen Situationen umgehen zu können. (Blättere auch ‚Die unterschiedlichen Arten des Trauerns' in Kapitel 5 durch)

> *Verbindlichkeit in einer Beziehung bedeutet auch eine Verpflichtung zum Prozess des gegenseitigen Verständnisses und der Vergebung einzugehen, ganz gleich wie viele Gespräche es braucht oder wie unangenehm diese Gespräche manchmal sein können. Gebt einander nicht auf, trauere auf deine eigene Art und lass dir den Raum dazu. Bitte um Hilfe, wenn du glaubst, dass du selber nicht mehr weiterkommst.*
>
> *Anonyme verwaiste Eltern*

Wir haben als neue Eltern in den drei Jahren seit der Geburt unserer Mädchen und seit Hope gestorben ist, viele Herausforderungen erlebt. Das Leben wird uns auch in Zukunft vor weitere Herausforderungen stellen. Es gibt keine Regel, die aussagt: ‚Schwierige Dinge passieren nur bösen (schlechten) Menschen.' Das Leiden verteilt Tragödien auch nicht schön zwischen glücklichen Begegnungen.

Ich als Therapeutin weiß die Vorteile einer professionellen Unterstützung durch eine außenstehende Person aus persönlicher und professioneller Erfahrung zu schätzen. Du kannst dich glücklich schätzen, wenn du deinen Bedarf für Hilfe erkennst, bevor es zu spät ist. Ob du Therapie in Anspruch nehmen willst oder eine andere Form der Hilfe (Coaching, Beratung, Selbsthilfegruppen etc.) wählst, ob zusammen oder alleine – wichtiger ist, dass du dir bewusst bist, dass du Hilfe benötigst und diese auch in Anspruch nimmst.

Auch wenn sich nur eine Person in einer Beziehung Unterstützung holt, kann das schon eine große Veränderung mit sich bringen. Erkenne, dass sich das System der Partnerschaft anpasst, auch wenn nur eine Person in einem Paar sich verändert.

Ihm oder ihr in der Trauer helfen

In der Umfrage fragte ich nach dem konkreten Bedürfnis, die Mutter oder den Vater unterstützen zu wollen. So schön es auch sein mag, dass du deinen Partner im Trauerprozess unterstützen willst, sagst du ihm/ihr damit aber im Wesentlichen, dass das, was er/sie tut oder nicht tut, anders sein sollte. Trauer ist eine persönliche und individuelle Reise, genau so unterschiedlich wie du und dein Partner seid. Auch wenn ihr beide als Vater und Mutter mit dem Kind verbunden seid, so ist eure Beziehung zum Kind sowie die Art, wie ihr mit Emotionen umgeht, unterschiedlich. Diese Unterschiede zu verstehen und zu akzeptieren, sollte oberste Priorität haben.

Anstatt einem Partner vorzuschreiben, was er oder sie tun sollte oder nicht, frage ihn, was er/sie braucht.

Im Folgenden findest du eine kompakte Auflistung der Dinge, von denen Ehemänner und Ehefrauen dachten, ihre Partner bräuchten sie:

Sie braucht Hilfe ...
- um mit ihren Emotionen umzugehen
- um mit ihrer Erstarrung umzugehen
- um um Hilfe zu bitten
- um zu sprechen
- um zu verstehen, wie sie ihn unterstützen kann

Falls du die Mutter bist, denk darüber nach, welche der oben erwähnten Vorschläge dir möglicherweise helfen würden für deinen eigenen Weg, in deiner Beziehung und in deiner Familie.

Vielleicht sind diese Vorschläge später sinnvoller, wenn sie jetzt für dich noch nicht stimmen.

Er braucht Hilfe ...
- um darüber zu sprechen und zu trauern
- um nach spezifischer Unterstützung/Kontakten für Männer zu suchen
- um Familienunterstützung für ihn zu finden
- um die Trauergefühle auszudrücken
- um zu verstehen, wie er sie unterstützen kann
- um zu verstehen, wie er mit ihr und dem Kind vor der Geburt in Verbindung kommt

Falls du der Vater bist, denk darüber nach, welche der oben erwähnten Vorschläge dir möglicherweise helfen würden, für deinen eigenen Weg, in deiner Beziehung und in deiner Familie.

Vielleicht sind diese Vorschläge später sinnvoller, wenn sie jetzt für dich noch nicht stimmen.

Ich realisierte, dass ich keine Ahnung hatte, was in seinem Inneren vorgeht. Es war wirklich unfair anzunehmen, dass er nicht darüber nachdenkt, nur weil er nicht darüber redet. Die Wahrheit ist nämlich, dass er an sie denkt und er seine eigene Art hat, das Geschehene zu verarbeiten.
Es ist nicht fair, ihn an meinen Maßstäben zu messen und zu beurteilen.

Rachel Tenpenny Crawford

Wie man sich gegenseitig in der Beziehung unterstützen kann

Die wichtigsten Ursachen für Stress in der Beziehung nach einem Verlust sind ...

- wenn die Partner auf unterschiedliche Art trauern
- diese unterschiedliche Art und Weise nicht zu erkennen, nicht zu verstehen oder nicht zu akzeptieren
- zu glauben oder fühlen, dass der andere nicht richtig trauert
- die Erwartung, dass der andere so trauert wie ich

Als erstes musst du die verschiedenen Arten des Trauerns verstehen lernen (Kapitel 5). Wenn du bei dir merkst, dass du das Trauern deines Partners (oder das anscheinende Fehlen der Trauer) verändern möchtest, dann frag dich: Was würde es für dich bedeuten, wenn dich dein Partner bitten würde, auf seine Weise zu trauern? Diese Frage musst du dir immer und immer wieder stellen.

Wenn du merkst, dass du das Bedürfnis hast, deinen Partner von deiner Art des Fühlens und Denkens überzeugen zu wollen, dann wird diese Tendenz sich nicht nur in Bezug auf den Verlust, sondern auch in anderen Lebenssituationen zeigen. Sätze, die mit den Worten ‚du solltest', ‚du solltest nicht' oder ‚du könntest doch ...' anfangen, zeigen diese Tendenz ganz klar auf.

Die Art, wie dein Partner mit dem Verlust umgeht, verändern zu wollen, erhöht nur den Stress und die Spannung in der Situation. Eine Person wird sich erst dann ändern, wenn sie dazu bereit und imstande ist.

Lies *Die 7 Stufen deinen Partner nach einem Verlust zu unterstützen* auf der Webseite **www.trauerndeeltern.net/deinen-partner-unterstutzen/** um weitere Ressourcen zu finden.

Die folgende Liste enthält Ideen, wie ihr einander unterstützen könnt, gemäß Empfehlung anderer verwaister Eltern.

- Achtet darauf, miteinander zu kommunizieren und abzuklären, ob eine Idee für beide stimmt
- Schreibt ein Tagebuch über eure Trauerreise, entweder alleine, zusammen mit dem Partner oder als Familie und erlaubt allen im Buch zu schreiben und zu lesen
- Schreibt einen kontinuierlichen Brief an euer Kind, entweder alleine, zusammen mit dem Partner oder als Familie
- Lernt, miteinander über eure persönliche und individuelle Trauererfahrung zu sprechen
- Einigt euch auf eine Zeit am Tag, wann ihr in Stille zusammen sitzt, einander festhaltet oder einfach nur nebeneinander auf der Couch sitzt
- Plant, zusammen eine Selbsthilfegruppe zu besuchen
- Plant, zusammen oder einzeln einen Therapeuten zu besuchen
- Gebt einander die Möglichkeit, Zeit allein zu verbringen, falls ihr das braucht
- Plant, Zeit zusammen als Paar zu verbringen
- Fragt einander: „Wie geht es dir?"
- Erlaubt dem anderen, zu sprechen oder auch nur zuzuhören
- Teilt einander eure Bedürfnisse und Wünsche mit und plant die Beerdigung, Feier, Rituale oder Familientraditionen zusammen
- Nehmt euch so viel Zeit mit eurem Kind vor und nach dessen Tod, wie ihr benötigt
- Macht Fotos von eurem Kind

ELF – UNTERSTÜTZUNG INNERHALB DER BEZIEHUNG

- Erlaubt euch gleichermaßen, über das Kind zu sprechen oder zu schweigen und daran zu denken
- Hört weniger auf das, was andere Leute sagen, und mehr auf das, was der Partner sagt oder auch nicht sagt
- Seid euch der unausgesprochenen, nonverbalen Kommunikation bewusst
- Stellt klärende Fragen, statt Vermutungen anzustellen

Diese Ideen setzen voraus, dass ihr die individuelle Art des Trauerns eures Partners versteht und akzeptiert.

> *Eltern könnten sehr wahrscheinlich besser heilen und in mehr Frieden leben, wenn sie verstehen, dass sie die Eltern des Babys sind, nicht nur im Moment der Geburt, sondern auch wenn sie ihrem Kind begegnen und es beerdigen müssen. Wir sind für den Rest unseres Lebens ihre Eltern.*
>
> *Sherokee Ilse*

12
Helfer für Trauernde Eltern

Es ist so wichtig, Eltern in diesen schweren Zeiten Respekt entgegenzubringen. Sie brauchen einen Führer, der ihnen hilft, diesen Weg zu gehen.
                                    Kiley Krekorian Hanish

Was du lernen kannst

Helfer unterstützen die Eltern dabei, diese schreckliche Zeit in ihrem Leben zu überleben, wenn sie wirklich wissen, wie diese Unterstützung aussehen sollte. Es gibt nichts Schwierigeres, als zu verstehen, wie und wann die trauernden Eltern unterstützt werden sollten. Ich habe Sätze gehört wie ‚Vielleicht war es das Beste so' oder ‚Es wird besser mit der Zeit'. Solche Aussagen werden dann gemacht, wenn Helfer, genau wie die Eltern, mit der Situation überfordert sind. Und dennoch – solche Kommentare verletzen zutiefst.

Ich habe so viele unglaubliche Geschichten betroffener Eltern gehört, dass es an der Zeit ist, der Gesellschaft aufzuzeigen, was hilfreiche Aussagen sind, und Ideen und Vorschläge zu machen, was man tun kann.

Wenn du Betroffenen helfen willst, dann musst du in der Lage sein, besser mit elterlichem Verlust umzugehen. Teile dieses Kapitel mit deinen Freunden und deiner Familie.

> *Die Menschen hatten gute Absichten, aber aus irgendeinem Grund sagten sie die dümmsten Dinge. Ich erinnere mich an eine Dame, die sagte: ‚Ich weiß genau, wie ihr euch fühlt. Wir haben das gleiche erlebt, als unser Hund starb.'*
> Gavin Blue

WAS MAN NICHT SAGEN ODER TUN SOLLTE

Zeit

Es ist nicht wichtig, ob du den trauernden Eltern mehr oder weniger Zeit gibst, als sie benötigen, oder Kommentare äußerst zu dem, was schwierig sein sollte oder nicht – Kommentare, wie nachfolgend aufgeführt, sind wenig hilfreich und führen zu Selbstzweifeln oder Schuldgefühlen über die Art, wie sie ihre Situation erleben:

- Die Zeit heilt alle Wunden
- Es wird besser mit der Zeit
- Das erste Jahr ist das schwerste
- Nimm dir Zeit

Schicksal

Jegliche Kommentare darüber, wo oder wie das Kind nun ist oder welches Schicksal es haben sollte, sind Vermutungen und reine Spekulation. Für jede Mutter oder jeden Vater gibt es keinen besseren Ort für ihr Kind als in ihren eigenen Armen:

- Euer Kind ist nun an einem besseren Ort

- Euer Kind sollte nicht länger leiden
- Es war das Beste so
- Besser jetzt als in x Tagen, Wochen, Monaten, Jahren

Gefühle der Eltern

Glaub nicht zu wissen, wie sich trauernde Eltern fühlen. Du kannst das nicht wissen. Solche Kommentare sind sehr verletzend. Es gibt wenig, was sich mit der Trauer von Eltern vergleichen lässt:

- Ich weiß, wie du dich fühlst
- Es muss schwer sein
- Du fühlst dich sicher schrecklich

Glaube und Spiritualität

Teile deine Glaubenssätze auch dann nicht, wenn du dieselbe Religion oder spirituellen Praktiken befolgst wie die Eltern. Sie sind möglicherweise nicht mehr gleicher Meinung, was ihren Glauben betrifft. Behalte deinen religiösen Glauben, spirituelle Ideen und Ideologien für dich:

- Gott brauchte einen besonderen Engel
- Es war Gottes Plan
- So war so vorgesehen
- Es war in seinem Lebensplan
- Euer Kind hat getan, was es hier zu tun hatte, und es war seine Zeit, zu gehen

Wie man trauern sollte

Vorschläge, wie man trauern und/oder heilen sollte, sind unbedacht. Sie basieren auf der Annahme, dass du besser weißt, wie mit der Trauer umzugehen ist als die Eltern. Auch wenn du selbst ein Kind verloren hast, bedenke, dass jede elterliche Trauer auf der Grundlage ihrer individuellen Geschichte, deren Bedeutungen und ihren Überzeugungen basiert:

- Kopf hoch
- Lenk dich ab
- Du musst ... (gefolgt von jeglichem Vorschlag)

Vergleiche

Jedes Trauma muss in seiner Einzigartigkeit respektiert werden. Der Verlust jedes Elternpaares muss als seine eigene Geschichte und mit voller Aufmerksamkeit gehört werden:

- Ich weiß, wie du dich fühlst, ich hab meine Großmutter (oder meinen Papa oder mein Haustier) verloren
- Ich kann mir vorstellen, wie schwer es sein muss

Klischees

Sag lieber nichts oder „Ich weiß nicht, was ich sagen soll" statt irgendeine Binsenwahrheit zu verwenden, wie:

- Das Leben geht weiter
- Es wird alles gut werden
- Es gibt für alles einen Grund
- Es ist das Beste so

Du solltest

Hinweise, worüber die Eltern glücklich sein sollten, woran sie denken sollten oder was sie tun sollten, sind unangebracht. Ob es der Wahrheit entspricht oder nicht, ist unwichtig. Tatsache ist, dass die Eltern um ihr Kind trauern:

- Du hast noch zwei andere Kinder
- Wenigstens hattest du dein Kind x Jahre lang
- Du musst jetzt an deinen Mann denken

Unbedachte Sätze

Achte darauf, was dir möglicherweise, ohne nachzudenken, herausrutscht. Vielleicht schüttelst du ungläubig deinen Kopf über die unten

stehenden Aussagen. Glaube mir, wir haben sie alle hören müssen. Besser man sagt gar nichts als Folgendes:
- Ist zu Hause alles in Ordnung?
- Hatte sie Schmerzen?
- Versuch wieder schwanger zu werden!
- Du kannst noch andere Kinder bekommen!
- Du machst Witze!
- Das ist gar nicht gut!

Interpretationen
Überinterpretationen, die Suche nach Gründen, warum das Baby gestorben ist, oder einen Sinn für das Unerklärliche zu suchen, sind nicht hilfreich. Alle betroffenen Eltern haben die ‚Warum'-Frage ständig in ihren Gedanken. Füg deine Gedanken nicht auch noch hinzu, lass sie selber daran arbeiten:
- Vielleicht war es, weil ... (einfügen eurer Gründe)

Lass mich dich flicken
Bitte versuch nicht, den Eltern vorzuschlagen, was sie tun sollten. Nur die trauernden Eltern wissen, was es bedeutet, ihr Kind zu verlieren und was sie zu einem bestimmten Zeitpunkt in ihrer Trauerreise brauchen. Sag nicht:
- Du musst dich beschäftigen
- Lenk dich ab
- Du brauchst Zeit für dich
- Du musst dich jetzt um sie/ihn kümmern (zu Mann/Frau gesagt)

Silberstreif am Horizont
Erwähne die vermeintlichen Silberstreifen am Horizont nicht in deinen Konversationen. Wenn die trauernden Eltern sie selber aussprechen, dann ist das ihr Recht. Es ist nicht deins. Sag nicht:
- Es ist für alle besser so

- Zum Glück musste dein Kind nicht leiden
- Du hast drei andere wunderschöne Kinder
- Du hattest Glück, dass es so früh geschah (im Fall einer Fehlgeburt)
- Du bist so stark

WAS MAN STATTDESSEN SAGEN ODER TUN KANN

> *Die Dinge, die am meisten halfen: uns Essen vor die Tür stellen, Harry zum Spielen abholen ... uns einfach so sein zu lassen, wie wir uns gerade fühlten.*
> *Gavin Blue*

Es gibt viele Artikel, die einem erklären, was man als Reaktion auf Verlust nicht sagen sollte, aber zu wenige erklären, wie man sich verhalten könnte.

Zunächst haben mir trauernde Eltern versichert, dass Helfer sich nicht verpflichtet fühlen sollten, etwas sagen zu müssen. Man nennt es die ‚Kunst des Daseins' – da zu sein, ist das, was zählt.

Wenn du aber unbedingt etwas sagen möchtest, dann sind hier die drei einfachsten und doch einfühlsamen Sätze, die man sagen kann:

- Ich bedaure deinen Verlust, es tut mir so leid
- Ich bin für dich da
- Ich weiß nicht, was ich sagen soll; ich finde keine Worte

Was auch immer du tust oder sagst:

- Würdige die Eltern
- Höre ihnen zu, aber versuche nicht, ihnen den Schmerz abzunehmen
- Ermutige sie und gib ihnen Hoffnung
- Übe die Kunst des Daseins

Die folgenden Abschnitte sind Auszüge aus meinem Blog, den ich zwanzig Monate nach Hopes Tod geschrieben habe. Es sind Vorschläge, die helfen, den Schmerz, die Reise und die Reaktionen der trauernden Eltern zu würdigen. Verwende deine eigenen Worte oder Ausdrucksweise.

Fragen stellen

Frage, wie es mir geht, wie ich mich fühle. Sage mir nicht: „Es muss schwer sein" oder „Du fühlst dich sicher schrecklich". Frag mich, aber erzähl es mir nicht. Frage mich morgen und übermorgen nochmals. Stell deine Fragen mit Feingefühl, es muss kein Verhör sein.

Vorschläge:
- Wie kommst du zurecht?
- Welche Art von Unterstützung wäre hilfreich für euch? (Mache ein paar Vorschläge)
- Kann ich euch heute Abend etwas zu Essen bringen?
- Möchtest du, dass ich heute einfach bei dir bleibe?
- Was hat der Arzt gesagt?
- Hast du jemanden, mit dem du sprechen kannst?

Es tut mir so leid/ich bedauere deinen Verlust

Dies ist der einfachste und geeignetste Satz. Er überbrückt jeden Moment des „Ich weiß nicht, was sagen" oder „Ich bin wortlos", jede peinliche Stille, die du sonst möglicherweise mit Klischees füllen möchtest. Tu es nicht. Sag einfach: „Ich bedaure deinen Verlust".

Zeige, dass du dich sorgst

Die kleinen Nachrichten ‚Ich denke an dich' am Jahrestag des Todestags meiner Tochter und Mutter bedeuten mir sehr viel:
- Ich höre dich
- Ich denke an dich

- Du bist nicht allein – ich bin für dich da
- Ich lese deinen Blog
- Mein Herz ist mit euch

Erst kürzlich erhielt ich eine berührende Nachricht von einer Person, die ich gar nicht kenne. Sie erklärte mir, wie viel ihr mein Blog bedeutete. Sie ist eine 38-jährige eineiige Zwillingsfrau, die ihre Zwillingsschwester verloren hat, als sie 10 Tage alt gewesen sind. Ich hätte nie erfahren, wen mein Schreiben noch berührt, wenn sie es mir nicht erzählt hätte.

Bleib im Kontakt mit mir

Ich muss viele Leute mit meinem Trauerzauber zum Schweigen verurteilt haben. Es ist in Ordnung, mich immer und immer wieder zu kontaktieren, auch wenn ich nicht in der Lage bin, lange Gespräche zu führen. Soziale Interaktionen sind anstrengender, dennoch bin ich immer noch gerne mit Menschen zusammen. Ich bin nicht mehr der Mensch, der ich vor meiner ‚Verabredung mit dem Tod' war. So sehr ich mir manchmal wünsche, wieder diese Person zu sein, ich muss mich mit dem neuen Ich auseinandersetzen.
Bitte versuche es doch auch.

Akzeptiere mich

Es ist schwer genug, traurig und deprimiert zu sein. Ich versuche zu akzeptieren, dass ich mich in jedem Augenblick so nehmen muss, wie ich bin. Wenn du das auch akzeptieren kannst, dann musst du dich nicht mehr bemühen, damit ich mich besser fühle, oder mir Ratschläge erteilen, Lösungen anbieten, oder mich mit Humor aufmuntern.
Bitte akzeptiere mich, wie ich bin.

Bleib bei mir

Wir müssen nicht viel reden. Das Wissen, dass du keine Angst hast, in meiner Gegenwart zu sein, egal was kommt, das zählt. Biete mir deine Gegenwart an, auch wenn nur um meine Hand zu halten.

Respektiere meinen Raum und meine Überzeugungen

Du glaubst vielleicht an Gott und ‚dass es so hat sein müssen'. Was auch immer es ist, behalte es für dich. Du kannst nicht wissen, wo ich in Bezug auf deinen Glauben stehe. Lass mir meinen. Respektiere meinen Standpunkt zum Glauben, auch wenn ich vielleicht sogar mein Vertrauen darin verloren habe.

Erkenne die Toten an

Ich verstehe, dass du Angst vor meiner Reaktion hast, wenn du über meine Tochter oder Mutter sprichst. Vertraue darauf, dass du ihre Erinnerung in Ehren hältst, wenn du sie anerkennst und über sie sprichst. Sag ihre Namen.

Respektiere, dass ich nicht darüber hinweg kommen werde

Ich habe erst durch meine eigene Erfahrung angefangen, die Tiefe der Trauer wirklich zu verstehen. Du brauchst es jedoch nicht zu verstehen, um zu akzeptieren und zu respektieren, dass ich nicht darüber hinwegkommen werde, dass ich mein Kind im Arm hielt, als sie starb. Ich lerne damit zu leben (was auch immer das bedeutet). Alles kann und wird die Trauer auslösen, und ich weiß auch nicht immer, wann oder warum.

Takt und Respekt

Du kannst mir natürlich erzählen, was in deinem Leben vorgeht, egal wie trivial oder verheerend es auch sein mag. Ich kann damit umgehen, wenn du mit meiner Reaktion mit Takt und Respekt umgehen kannst. Was ich momentan nicht brauche, sind Trivialisierungen über Frauen, die schwanger wurden und es eigentlich gar nicht wollten, oder Mütter, die ihre Kinder abtreiben, weil es das falsche Geschlecht hat.

Physischen Kontakt – Umarmungen

Es gibt Momente, in denen ich sehr empfindlich bin und nicht berührt werden möchte. Bitte frage doch einfach, bevor du mich in den Arm nimmst.

Die Kunst des Daseins

Dasein, nicht nur in der Krise. Geh in den Monaten und Jahren neben mir her. Erlaube mir meinen Heilungsprozess. Sitz neben mir in Momenten der schmerzhaften Emotionen oder in der Finsternis einer Depression. Es ist ein Irrglaube, dass Menschen in einer Krise soviel Raum brauchen. Respektiere meinen Wunsch, wenn ich es dir so sage – und ansonsten sei da.

Der 5 *Sterne Trauer Support Guide*, den du erhältst nachdem du dich bei **www.trauerndeeltern.net/fur-dich** für Updates angemeldet hast, vermittelt dir einen Überblick über das zuvor Beschriebene.

Wünsche der Eltern eines Engels

Das Folgende habe ich meiner Familie und meinen Freunden zwei Wochen nach dem Verlust meiner Tochter geschrieben. Wenn du magst, darfst du gerne Teile oder das Ganze verwenden, um deinen Lieben eine Nachricht zu schreiben und ihnen mitzuteilen, wie du dir wünschst, unterstützt zu werden.

- Ich würde mir wünschen, dass du keine Angst hast, mein Baby .... (Name eintragen) zu erwähnen. Nur, weil du sie/ihn nie gesehen hast, bedeutet das nicht, dass sie/er deine Bestätigung nicht verdient.

- Ich würde mir wünschen, dass, wenn wir über mein Baby sprechen, und ich weine, du nicht denkst, du hättest mich verletzt. Ich muss weinen und mit dir über mein Baby reden, es hilft mir zu heilen.

- Ich würde mir wünschen, dass du mir sagen kannst, dass es dir leid tut, dass mein Baby gestorben ist, und dass du an mich denkst, es zeigt mir, dass du dich um mich sorgst.

- Ich würde mir wünschen, dass du nicht glaubst, dass das, was geschehen ist, eine traurige, schlechte Erinnerung für mich ist. Die Erinnerung an mein Kind, die Liebe, die ich für mein Baby empfinde, und die Träume, die ich für meine Tochter (meinen Sohn) hatte, sind alles liebevolle Erinnerungen. Ja, es gibt traurige Erinnerungen, aber versteh bitte, dass nicht alles so ist.

- Ich würde mir wünschen, dass du mich nicht verurteilen würdest, weil ich mich nicht so verhalte, wie du denkst, ich sollte. Trauer ist eine sehr persönliche Sache und wir sind alle unterschiedliche Menschen, die ganz verschieden damit umgehen.

- Ich würde mir wünschen, dass du nicht denkst, dass wenn ich einen guten Tag habe, es mir gut geht, und wenn ich einen schlechten Tag habe, ich unvernünftig bin. Es gibt keine ‚normale Art', in der ich mich verhalten sollte.

- Ich würde mir wünschen, du würdest nicht erwarten, dass ich mich innerhalb weniger Wochen, Monate oder Jahre besser fühle. Es wird einfacher mit der Zeit, aber ich werde nie über dieses Erlebnis hinwegkommen.

- Ich würde mir wünschen, dass du mir sagst, dass du an mich denkst am Geburtstag meiner Tochter, am Muttertag und am Tag, an dem meine Tochter starb. Diese Tage sind alle wichtig und traurig für mich.

- Ich würde mir wünschen, dass du verstehst, dass der Verlust meines Babys mich verändert hat. Ich bin nicht die gleiche Person, die ich vorher war und ich werde nie mehr diese Person sein. Wenn du erwartest, dass ich wieder so werde wie früher, dann wirst du enttäuscht werden.

- Ich bin ein neuer Mensch mit neuen Gedanken, Träumen, Vorstellungen und Werten. Bitte versuche mein neues Ich kennenzulernen, es kann sogar sein, dass du mich immer noch magst.

(Dies ist von der Seite ‚Wishes of an Angel's Mum & Dad' adapiert, welche auf der Webseite von Bears of Hope, **www.bearsofhope.org.au/** publiziert wurde.)

Feuerwehrmann oder Baumeister?

Bei der Lektüre eines Artikels von Catherine Woodiwiss, in dem sie über das Leben nach einen Trauma schreibt, stieß ich auf diese Analogie. Ein Trauma zu überleben, erfordert einen Krisenstab (Feuerwehr) und das Wiederaufbauteam (Baumeister). Nicht viele Menschen sind gut in beiden Teams. Darum ist der elterliche Verlust manchmal ein sehr einsames Erlebnis.

Dies ist auch der Grund, warum manche Freunde sich entfernen und andere dazu kommen. Eine der härtesten zusätzlichen Herausforderungen wird sein, denen zu vergeben, die an einer oder beiden Rollen scheitern. Andererseits ist es eine bereichernde Erfahrung, neue Gefährten zu finden, die in der Lage sind, die trauernden Eltern genau dort zu unterstützen, wo sie sich befinden.

Einer der wohl überraschendsten Aspekte ist, wie viele Freunde ich gefunden habe und mit wie vielen Menschen aus der Gemeinschaft der trauernden Eltern ich mich tief verbunden fühle.

Sean Hanish

13
Fragen und Antworten

Ein Trauma zu erleben, bringt dir vielleicht Resilienz bei. Es hilft vielleicht dir und anderen in zukünftigen Krisen. Es mag demütig machen. Es kann zu tieferen Empfindungen der Freude führen. Es kann dich unter Umständen sogar stärker machen. Oder auch nicht. Schließlich ist die Hoffnung des Lebens nach dem Trauma, überhaupt ein Leben danach zu haben. Die Tage in ihrer seltsamen und abwechslungsreichen Fülle gehen weiter. Und so wirst auch du.
Catherine Woodiwiss

Was du lernen kannst

Das folgende Kapitel ist allen verwaisten Eltern gewidmet, welche die nagenden Fragen in ihrem Kopf nur allzu gut kennen, diese vermeintlich nicht enden wollenden Fragen, für welche es zum Teil keine Antworten gibt, die den Fragenden befriedigen könnten.

WARUM? WARUM MUSSTE UNSER BABY STERBEN? WARUM IST DAS PASSIERT?

Laut 80% der Befragten ist die meistgestellte Frage die ‚Warum'-Frage (und ihre Variationen). Diese Frage wird von Anfang an, direkt nach dem Verlust auftauchen und immer wieder kommen.
Man glaubt, dass sich der Verstand beruhigt, wenn man eine Antwort auf die Frage „Warum musste das geschehen?" hat. Die Wahrheit jedoch ist, dass es keine zufriedenstellende Antwort darauf gibt. (Lies ‚Existenzielle Krise' in Kapitel 10)

WIE WERDEN WIR DAS ÜBERLEBEN? WIE KÖNNEN WIR DAMIT UMGEHEN? WAS KOMMT NUN?

Auch wenn es schier unmöglich scheint, ihr werdet diese entsetzliche Zeit überleben. In den Anfangsstadien, wenn die Wunde noch offen ist, willst du nichts darüber hören, dass es besser wird. Es kann Wochen, Monate oder Jahre dauern, bis du wieder zu einem freudigen Leben zurückfinden kannst. Es hängt von dir ab, ob du die nötigen Schritte vorwärts machst.

Lies das Paar-TIM (Kapitel 3) und finde heraus, auf welcher Stufe du dich momentan befindest. Lies die vorgehenden Stufen und bring dein Bewusstsein und deine Anerkennung zu der Reise, die du schon hinter dir hast. Lies die kommenden Schritte und stell dir vor, wie das aussehen könnte. So wie es für dich schwierig war, dir vorzustellen, wie du zu dem Punkt gelangen kannst, wo du jetzt bist, kann es sein, dass du bezweifelst, wie du weiterkommen sollst.

Wie können wir damit umgehen? Als Paar seid ihr oft an verschiedenen Orten in Bezug auf eure Trauer. Das nennt sich komplementäres Trauern in Paaren. Es bedeutet auch, dass ihr einander in den harten

Momenten unterstützen könnt. Es gibt mehr Unterstützung, als du denkst, sogar über deine Beziehung hinaus. Du musst nur deine Augen dafür öffnen und um Hilfe bitten.

Was kommt nun? Die Antwort lautet: Das Nächstliegende. Beginne mit etwas einfachem, wie zum Beispiel, dir etwas zu essen machen oder aufzustehen und deine Zähne zu putzen. Deine Erfahrung des Lebens ist nun so anders und auch du hast dich verändert. Versuche dein neues normales Selbst kennenzulernen und lass dir Zeit. Wie Christina Rasmussen in ihrem Buch *Second Firsts* beschrieben, ist allein schon das sich Aufsitzen im Bett, anstatt zu liegen, ein Beginn.

WARUM REAGIEREN DIE LEUTE SO? WARUM SPRECHEN SIE NICHT MIT UNS?

Der Tod ist heutzutage vom täglichen Leben und vom Zuhause entfernt – er findet nur noch in Spitälern und Pflegeheimen statt. Als Gesellschaft sind wir nicht mehr fähig, mit Trauer und Verlust umzugehen. Unsere Familienmitglieder und Freunde sind genauso überfordert wie wir. Sie besitzen keine Werkzeuge, um den verwaisten Eltern wirklich eine Stütze zu sein. Wir lernen, starke und unkontrollierbare Gefühle zu vermeiden und dem Trauerprozess auszuweichen. Gleichermaßen versuchen die Menschen um uns herum, das Thema zu vermeiden und sich hinter Klischees zu verstecken.

Darum:
- Rufen Freunde nicht an und warten bis die Eltern sie anrufen
- Können Gespräche seltsam sein und es wird vermieden, das Thema anzusprechen
- Gehen Freundschaften in die Brüche
- Haben die Leute Angst, den Namen deines Kindes zu erwähnen

Es ist an der Zeit, der Gesellschaft zu zeigen, wie man empathisch mit trauernden Menschen umgehen kann.

Wie kann ich ihm oder ihr in der Trauer helfen?

Jede Person muss sich selbst helfen, wenn sie bereit ist und die Art, die für sie stimmt, erkennt. Auch wenn dein Partner anders als du trauert, bedeutet dies nicht, dass er oder sie es nicht richtig macht oder Hilfe braucht.

Die beste Art einander zu unterstützen ist, präsent zu sein, zu verstehen, die Entscheidungen der anderen Person zu akzeptieren und Klarheit über die eigenen Bedürfnisse zu erlangen. (Mehr dazu im Abschnitt ‚Ihm oder ihr in der Trauer helfen' in Kapitel 11)

Wird das wieder passieren? Was ist mit weiteren Schwangerschaften?

Wer weiß. Niemand weiß, ob das wieder passieren wird. Meine persönliche Erfahrung mit den Verlusten in meinem Leben hat mich gelehrt, dass das Leben die Herausforderungen nicht in schönen Abständen verteilt. Lernen kann man zu jedem Zeitpunkt, ob du das nun magst oder nicht und ob es ein geeigneter Zeitpunkt scheint oder nicht. Was den größten Unterschied machen wird, ist deine Beziehung zum Leben, zum Verlust und zu den Lektionen des Lebens.

Deine Vergangenheit wird deine Zukunft beeinflussen, ob du einen Verlust erlebt hast oder nicht. Dein Leben nach dem Verlust ist von dem, was du erlebt hast, geprägt. Aber deine Umstände bestimmen nicht, wer du bist. Sie definieren dich lediglich, wenn du es zulässt.

Ich persönlich bin generell ängstlicher geworden. Dennoch lasse ich die Möglichkeit zu, dass sich das in Zukunft wieder ändert und sich wieder in Richtung Normalität bewegt, ohne mich mit Sätzen wie ‚Ich werde nie mehr ruhig schlafen' zu quälen.

Nachdem meine Tochter gestorben ist, habe ich noch zwei weitere Fehlgeburten erlebt. Ich weiß, wie zerbrechlich das Leben ist und wie wertvoll die Tochter ist, die ich die Ehre habe, großzuziehen. Ich sehe Dinge nicht mehr als selbstverständlich an.

Gehe einer weiteren Schwangerschaft mit sanftem Bewusstsein entgegen und erkenne die Gefühle an, die in dir hoch kommen können. Du wirst ohne Zweifel weitere Momente der Trauer erleben, während du neues Leben in dir trägst. Ich lade euch beide als Paar ein, miteinander präsent zu sein und die Erfahrung von beiden zu akzeptieren und einander mitzuteilen.

Du findest weitere Ressourcen im Anhang oder auf der Webseite **www.trauerndeeltern.net/ beginne-hier/ressourcen/**

WAS, WENN MEIN PARTNER NICHT DER/ DIE BIOLOGISCHE VATER/MUTTER IST?

Die Beziehung, die du zum Kind hast, hängt weniger von der biologischen Verbindung als von der Tiefe und der Intensität der Beziehung ab, die ihr miteinander hattet.

Wie lange hast du das Kind erzogen? Wie lange habt ihr euch vorher schon gekannt? Welches Alter und welche Entwicklung hast du mitgemacht? Im Allgemeinen kann man sagen, je früher du im Leben des Kindes warst und je mehr Zeit du mit ihm verbracht hast, desto tiefer geht die Beziehung.

Welche Bedeutung hat die Beziehung für dich? Wenn du das Kind als deines angesehen hast, wird die Trauer jener einer Mutter oder eines Vater ähneln, auch wenn du nicht der biologische Elternteil bist.

Die biologischen Eltern können eine zerstrittene Beziehung zum Kind haben, was die Trauer sehr entfernt und verfremdet.

Halte dich von folgenden Sätzen fern: „Ja, du bist ja nicht der biologische Vater" oder „Es ist ja klar, dass du nicht verstehen kannst, was ich durchmache, du bist ja nicht ihre richtige Mutter." Ein Wettstreit darüber, wer sich schlechter fühlen darf, ist nicht hilfreich. (Weiteres zu dem Thema in Kapitel 6 ‚Patchwork-Familien')

WAS SOLL ICH MIT ALL DIESEN FRAGEN TUN, DIE IN MEINEM KOPF HERUMSCHWIRREN?

Kreisende Gedanken sind eine ganz normale Reaktion, wenn man versucht, der Situation einen Sinn abzugewinnen. Du kannst deine Gedanken nicht kontrollieren. Finde unterstützende Maßnahmen, damit sie fließen können: Schreib ein Tagebuch, sprich mit einem Therapeuten, schreib einen Blog oder kommuniziere mit anderen verwaisten Eltern. Die Normalisierung deiner Gedankengänge wird deine mentale Aktivität verlangsamen, was in dieser Situation gut ist.

Verschiedene Themen wurden schon als Teil eines Gemeinschaftsprojekts mit dem Titel *Grief Reflections* diskutiert. Hier kannst du die archivierten Diskussionen finden (in englischer Sprache):

www.grievingparents.net/grief-reflections/
discussions-archive/reflections/discussions-archive/

14
DU BIST NICHT ALLEINE

Vorschläge von verwaisten Eltern

Wenn Eltern es nicht wagen, sich aus ihrem Herzen mitzuteilen, dann führt das zu Isolation. Das Teilen öffnet einen Raum, wo mehr Menschen sich sicher fühlen und trauern können, was es wiederum für andere einfacher macht, auf natürliche Art zu trauern.
Lori Ennis

WAS DU LERNEN KANNST

Den Satz, den ich in meinen Interviews auf die Frage, was verwaiste Eltern anderen mitteilen möchten, immer und immer wieder hörte, war: ‚Du bist nicht alleine'. Der Tod eines Kindes fühlt sich verheerend und isolierend an.

Eine zusätzliche Schwierigkeit ist der Umgang mit dem Unverständnis der Leute und den vielen, gut gemeinten Vorschlägen und Klischees, die du dir anhören müssen wirst.

In diesem Kapitel findest du die Perlen der Weisheit anderer verwaister Eltern, die den Weg schon vor dir gegangen sind. Nimm dir das heraus, was für dich passt.

WAS ICH ANDERS MACHEN WÜRDE:

- Früher um Hilfe bitten
- Meine eigenen Entscheidungen treffen
- Mir (mehr) Zeit nehmen, (mehr) Fotos vom Kind machen
- Hilfe holen für den Zeitpunkt, an dem ich wieder schwanger werden wollte
- Mich meinen Ängsten früher stellen
- Eine Feier für mein Kind organisieren
- Mich weniger um das kümmern, was andere denken

Die Perlen der Weisheit

> *Es gibt drei Gründe, warum wir hier sind: um Liebe zu geben und zu empfangen, um Mitgefühl zu zeigen und Vergebung zu lernen.*
> *Tamara Gabriel*

Die folgenden Tipps sind Vorschläge von verwaisten Eltern selbst:

Für dich selbst: Hör auf deine eigenen Bedürfnisse, trauere, akzeptiere das, was ist, denke über deinen religiösen und spirituellen Glauben nach, denk daran, dass du nie mehr dieselbe Person sein wirst.

Für die Paarbeziehung: gebt einander Zeit, akzeptiert die Art, wie euer Partner trauert, akzeptiert, wie er oder sie ist, verbringt Zeit als Paar, bleibt zusammen und gebt nicht auf, übt Toleranz und Ehrlichkeit, seid geduldig, zeigt eure Gefühle offen, akzeptiert eure Gefühle und lasst sie zu.

VIERZEHN - DU BIST NICHT ALLEINE | 181

In Bezug auf die gegenseitige Akzeptanz:

Das Paradox des Zulassens und zu sehen, dass es so geschehen muss, und gleichzeitig das Bedürfnis zu haben, ihn zu schütteln und zu schreien und ihn so haben zu wollen, wie ich es wollte.

Martina Sandles

In Bezug auf das gegenseitige Verständnis oder die Akzeptanz des Nichtverstehens:

Ich werde nie verstehen, wie er fühlt, ich werde es nie von seiner Perspektive aus verstehen können. Ich bin einfach nicht er. Er wird eine Fehlgeburt nicht verstehen können, weil er nicht ich ist. Es gibt nichts, was das ändern kann.

Lori Ennis

In Bezug auf Therapie: Suche früher einen Therapeuten auf. Wechsle zu einem anderen Therapeuten, wenn der, den du ausgewählt hast, nicht passt, nimm dir Zeit zum Trauern, sprich über dein Baby oder Kind, zeig deine Gefühle offen, akzeptiere Emotionen und lasse sie zu.

In Bezug auf dein Umfeld: Finde jemanden, der das Gleiche erlebt hat wie du (andere verwaiste Eltern), finde unterstützende Menschen, hör nicht auf das, was andere empfehlen, wenn es nicht hilfreich ist, bereite dich auf eine gewisse Unbehaglichkeit im Miteinander vor.

In Bezug auf die Wahl der Menschen, denen du dich anvertrauen willst:

Wir wählen aus, mit welchen Personen wir sein wollen. Manche Menschen sind es einfach nicht wert, dass man sich ihnen anvertraut.

John Ennis

In Bezug auf dein Baby oder Kind: Halte dein Baby in deinen Armen, mache Fotos, schaffe Erinnerungen, hör auf deine eigenen Bedürfnisse, mach das, was du möchtest, sprich über dein Kind/Baby.

Die Erfahrung mit Hannah hat mich für eine Art von Liebe offen gemacht, von der ich nicht wusste, dass sie möglich war. Das ist mir bis heute geblieben.
Martina Sandles

Nachwort

Warum habe ich dieses Buch geschrieben?

Ich habe meinen Trauerprozess von Anfang an durch Schreiben verarbeitet. Wie schon erwähnt, konnte ich anfangs nicht kommunizieren und begann darum zu schreiben. Die Ermutigungen meiner Leser haben mich bestätigt und ich lernte, wie man ein Buch schreibt.

Das englische Buch begann ich zwei Jahre nach dem Tod meiner Tochter zu schreiben, genau ein Jahr nachdem wir in die Schweiz übergesiedelt waren.

Zuweilen war die Trauer immer noch sehr schmerzhaft. Ich fühlte mich oft überfordert und noch nicht zuhause in dem Land, indem ich nun wieder lebte.

Rückblickend sehe ich, dass mir das Schreiben geholfen hat und für mein Vorwärtskommen unerlässlich war. Ich schuf etwas zu Ehren meiner Tochter — etwas, das anderen verwaisten Eltern auf ihrem Weg helfen soll. Ich gab die Unterstützung zurück, die ich erhalten hatte.

Da du dieses Buch nun gelesen hast, weißt du, dass ich tief in die Abgründe meiner Trauer blicken musste — und von den Erinnerungen der ersten Tage bis zu den dunkelsten Momenten wurde mit jedem Wort das Licht am Ende des Tunnels heller.

Während ich an der deutschen Übersetzung sitze, sechs Monate nach der Publikation des englischen Buches, erkenne ich, wie weit ich in diesem weiteren Jahr schon gekommen bin. Was ich noch vor einem Jahr geschrieben habe, hat sich wieder weiter entwickelt. Ich bin überzeugt von der heilenden Kraft des Schreibens, nicht nur für mich, sondern hoffentlich auch für alle Mütter und Väter, die das Buch lesen werden.

Dieses Buch ist mehr als die Worte, die darin stehen. Obwohl sie für mich natürlich wichtig, bedeutsam und schön sind, sind die Schwingungen, die durch das Schreiben entstanden sind, das Wichtigste für mich.

Ich weiß, dass Hope das Licht und die Freude in meiner Seele feiert. Mit dem Buch habe ich erreicht, Hope und unsere gemeinsame Verbindung zu ehren, diesen Teil meines Lebensweges zu gehen, auf dem ich andere Hinterbliebene erreichen möchte, speziell Mütter und Väter.

Ich hoffe, dass dieses Buch deine Hoffnung bestärkt und Heilung bringt, indem du dich auf deinem Weg des Trauerns und Heilens verstanden und akzeptiert fühlst.

Alles Liebe,

Nathalie Himmelrich

Ressourcen

 ## Leseempfehlungen – Trauertheorien

Die hier folgenden Leseempfehlungen sind die englischen Originalausgaben der Texte, auf die im Buch verwiesen werden. Im Deutschen gibt es verschiedene Versionen. Frage am besten im gut sortierten Buchhandel nach einer geeigneten deutschen Übersetzung.

- Bowlby, John (1969, 1982). Attachment:
  Attachment and Loss, Volume 1. New York: Basic Books
- Bowlby, John (1973).
  Separation: Anxiety and Anger, Volume 2. New York: Basic Books
- Bowlby, John (1980).
  Loss: Sadness and Depression, Volume 3. New York: Basic Books
- Klass, Dennis, Silverman, Phyllis R. and Nickman, Steven (1996). Continuing Bonds: New Understandings of Grief (Death Education, Aging and Health Care). New York: Routledge, Taylor & Francis Group
- Kübler-Ross, Elisabeth (1969).
  On Death and Dying, New York: Scribner
- Kübler-Ross, Elisabeth and Kessler, David (2005).
  On Grief and Grieving: Finding the Meaning of Grief through the Five Stages of Loss. New York: Scribner
- Rando, T. A. (1993). Treatment of Complicated Mourning. Champaign, IL: Research Press
- Worden, J.W. (2008).
  Grief Counseling and Grief Therapy: A Handbook for the Mental Health Practitioner (4th edition). New York: Springer
- Worden, J.W. & Monahan, J. (2007). Caring for Bereaved Parents. In article of Armstrong-Dailey & S. Goltzer (Eds.), Hospice Care for Children (3rd edition). New York: Oxford

Weiterführende Empfehlungen

- Kachler, Roland (2013). Gemeinsam trauern – gemeinsam weiter lieben: Das Paarbuch für trauernde Eltern. Kreuz Verlag
- Kachler, Roland (2005). Meine Trauer wird dich finden: Ein neuer Ansatz in der Trauerarbeit. Kreuz Verlag
- Kast, Verena (1982). Trauern: Phasen und Chancen des psychischen Prozesses. Kreuz Verlag
- Pachl-Eberhart, Barbara (2010). Vier minus drei: Wie ich nach dem Verlust meiner Familie zu einem neuen Leben fand. Integral
- Pachl-Eberhart, Barbara (2014). Warum gerade du?: Persönliche Antworten auf die großen Fragen der Trauer. Integral
- Rassmussen, Christina (2014). Lebe - lache - liebe: Neustart ins Leben nach einem schmerzlichen Verlust. Knaur Menssana

ONLINE-RESSOURCEN

Dein Sternenkind
offeriert kostenlose Erinnerungsbilder für Eltern, die ein Sternenkind erwarten. Ein Geschenk von Fotografen, die ihren Teil zur Trauerbewältigung beitragen.
www.dein-sternenkind.eu

Herzensbilder
schickt Profi-Fotografen zu Familien mit schwerkranken, schwerbehinderten oder viel zu früh geborenen Kindern, um ihnen wunderschöne Familienbilder zu schenken.
www.herzensbilder.ch

Netzwerk Trauernder Eltern
Das Netzwerk vernetzt hinterbliebene Eltern und ermöglicht Hilfe zur Selbsthilfe durch online Support-Gruppen und ermöglicht Gespräche zwischen Betroffenen. Das weitere Ziel des Netzwerkes besteht darin, Sensibilisierung zum Thema ‚Umgang mit Trauernden' zu schaffen.
www.trauerndeeltern.net

Sternenkinder-Großeltern
Ein Netzwerk von Großeltern, die ein Enkelkind verloren haben.
www.sternenkinder-grosseltern.ch

Sternentaler
vernetzt Familien von schwerkranken, behinderten und Sternenkindern. Sie bieten finanzielle Unterstützung und Sensibilisierung rund um diese Themen.
www.sternentaler.ch

VEID - Verband für verwaiste Eltern und Geschwister in Deutschland
Der Bundesverband Verwaiste Eltern und trauernde Geschwister in Deutschland e.V. stellt mit seinen Angeboten Hilfe und Unterstützung für alle zur Verfügung, die mit dem Tod eines Kindes - gleich welchen Alters - leben müssen oder zu tun haben.
www.veid.de

Besuche die Ressourcen-Seite auf dem Netzwerk ‚Trauernder Eltern' unter **www.trauerndeeltern.net**, die auf dem neusten Stand ist.
Auf der englischen Seite **www.grievingparents.net** findest du weitere englischsprachige Ressourcen.

REFERENZEN

Die hier folgenden Referenzen beziehen sich auf die in der englischen Originalausgabe benutzten Zitate.

- Andreas, S. and C. (2002). Resolving Grief.
  www.steveandreas.com/Articles/grief02.html
- Center for Loss in Multiple Birth
  www.climb-support.org/html/article.html?griefcounselor&bothoraljs
- Doka, K. J. (2010). Kenneth Doka on Grief Counseling and Psychotherapy, Interviewed by Victor Yalom on Psychotherapy.net
  www.psychotherapy.net/interview/grief-counseling-doka
- Doka, K. J. and Martin, T. L. (2010). Grieving Beyond Gender: Understanding the Ways Men and Women Mourn, Revised Edition, NY: Routledge Taylor & Francis
- Dyer, K. (2014).
  The Importance of Telling (and Listening) to the Story
  www.journeyofhearts.org/kirstimd/tellstory.htm
- Gallwey, W. Timothy (1974). The Inner Game of Tennis, The Classic Guide to the Mental Side of Peak Performance. New York: Random House
  Hier findest du weitere Bücher zum ‚Inner Game':
  www. theinnergame.com
- Greeff AP, Vansteenwegen A, Herbiest T.
  Indicators of family resilience after the death of a child.
  www.ncbi.nlm.nih.gov/pubmed/22010372
  Department of Psychology, Stellenbosch University, South Africa

- Hall, L. M. (2002). Resilience, Flexibly Resilient for Dancing with Change. Clifton CO: Neuro-Semantic Publications
- Hall, L. M. (2011). Neuro-Semantics: Synergizing Meaning and Performance. Clifton CO: Neuro-Semantic Publications
- Oxford Dictionary
  www.oxforddictionaries.com
- Rando, T. A. (1993). Treatment of Complicated Mourning. Champaign, IL: Research Press
- Woodiwiss, C. (2014).
  A New Normal: Ten Things I've Learnt About Trauma
  www.nytimes.com/2014/01/21/opinion/brooks-the-art-of-presence.html?_r=2
- Yalom, V. interviewing Doka, K. (2010).
  Kenneth Doka on Grief Counselling and Psychotherapy
  www.psychotherapy.net/interview/grief-counseling-doka

Interviewte Personen

Die Eltern, die für dieses Buch interviewt worden sind, haben netterweise ihre Zeit und Energie diesem Projekt gewidmet. Vielen herzlichen Dank. Bitte besuche die Webseite **www.trauerndeeltern.net** für weitere Informationen und Ressourcen.

Gavin Blue, Alexandras Vater
Präsident von *Heartfelt*, Australien/New Zealand
www.heartfelt.org.au

Alexa Bigwarfe, Kathryns Mutter
Verlegerin und Herausgeberin von
Sunshine After the Storm: A Survival Guide for the Grieving Mother
www.sunshineafterstorm.us

Karen Capucilli, Jacobs Mutter
Schriftstellerin
www.nonfictionliving.blogspot.ch

Rachel Tenpenny Crawford, Aubrey und Ellies Mutter
Gründerin von *Teamotins* und *Heal by Choice*
www.teamotionstea.com
www.healbychoice.com

Carly Marie Dudley, Christians Mutter
CarlyMarie Project Heal
www.carlymarieprojectheal.com

Lori und John Ennis, Matthews Eltern
Herausgeberin von *Still Standing Magazine*
www.stillstandingmag.com

Carrie Fisher-Pascual und Jonathan Pascual, Elenas Eltern
Direktoren und Produzenten von *STILL Project*
www.stillproject.org
www.facebook.com/StillProject

Tamara Gabriel, Jannas Mutter
Gründerin von *Healing Hugs*
www.healinghugs.net oder www.facebook.com/healinhugs

Cheryl Haggard, Maddoxs Mutter
Mitgründerin von *Now I Lay Me Down To Sleep*
www.nowilaymedowntosleep.org
www.facebook.com/nilmdts

Kiley Krekorian Hanish und Sean Hanish, Norberts Eltern
Sean: Direktor, Schriftsteller, und Produzent von *Return to Zero*
www.returntozerothemovie.com
Kiley: Gründerin des *Return to Zero Healing Center*
www.returntozerohealingcenter.com

Sherokee Ilse, Marama, Brennan und Brynas Mutter
Gründerin und Präsidentin von *Babies Remembered*
und Autorin von *Empty Arms*
www.babiesremembered.org oder www.BabyLossFamilyAdvisors.org

Nicole und Paul de Leon, Bellas Eltern
Schriftsteller für *Still Standing Magazine*
Autor von *Bella's Story* in *Three Minus One*
www.paul-deleon.com

Martina Sandels, Hannahs Mutter
Holistische Therapeutin bei *Growing Connections*
www.growingconnections.com.au

Jeremy Shatan, Jacobs Vater
Direktor bei *Hope & Heroes*
Schriftsteller bei www.anearful.blogspot.ch
www.hopeandheroes.org

Monique Caissie, Leiterin von Trauergruppen
Family Life Educator, Grief Support Group for Women
www.moniquecaissie.com

Wie weiter?

Nathalie Himmelrich offeriert persönliche Unterstützung von trauernden Eltern, einzeln oder als Paar, in Gruppen oder Workshops.
Auf der Webseite **www.trauerndeeltern.net** kannst du weitere Ressourcen und ebenfalls Vorschläge zur Unterstützung finden. Suche nach der Liste mit den aktuellen Terminen für Seminare und Vorträge.

Um das Beste aus dem Inhalt von www.trauerndeneltern.net zu bekommen, solltest du:

- Dich für Updates anmelden (klicke auf Für Dich in der Navigationsleiste), damit du auch den *5 Sterne Trauer Support Guide* bekommst, den du mit Freunden und Familienmitgliedern teilen kannst: **www.trauerndeeltern.net/fur-dich**
- Dir *Grief Reflections – Discussions on Parental Bereavement* anschauen (zur Zeit nur in englischer Sprache)
- die Artikel und Blog-Einträge lesen und Kommentare oder Fragen hinterlassen, auf die ich dir antworten werde

Für Anfragen in Bezug auf Interviews, Vorträge, Seminare und Workshops sowie Trauerbegleitung schreibe an **info@trauerndeeltern.net**

Du kannst mich auf meinen Facebook Seiten besuchen:
www.facebook.com/trauerndeeltern.net
www.facebook.com/nathaliehimmelrich

BUCH-BESTELLUNGEN

Das Buch ist auf deutsch und englisch als Taschenbuch, sowie für den Kindle erhältlich. Wenn du ein Buch bestellen oder verschenken möchtest, findest du alle Bezugsquellen hier:

Deutsche Ausgabe:
www.trauerndeeltern.net/
das-buch/das-buch-kaufen

Englische Ausgabe:
www.grievingparents.net/
the-book/buy-the-book/

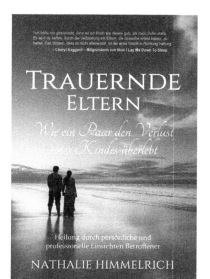
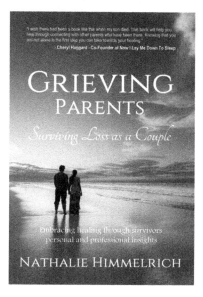

Falls du das Buch für Trauergruppen bestellen möchtest, sende eine E-Mail an: **info@trauerndeeltern.net** oder **info@grievingparents.net**

Das Buch im Namen deines Kindes spenden

Falls du Bücher im Namen deines Kindes an Spitäler, Trauergruppen oder anderen Organisationen spenden möchtest, dann schau dir die Seite mit den ‚In Memory'-Paketen hier an: **www.trauerndeeltern.net/das-buch/das-buch-kaufen**

Jedes gespendete Buch kann auch mit einem Aufkleber mit dem Namen deines Kindes versehen werden.

Links ein Beispiel

Die Autorin

Nathalie Himmelrich bietet psychologische Beratungen an, sie ist spezialisiert in den Bereichen Beziehungsfragen und Trauerbewältigung.
Als Gründerin, Beraterin und Coach von *Reach for the Sky Counselling & Coaching* unterstützt sie Menschen auf ihrem Weg zurück zu einem Leben voller Freude, Glück und Zufriedenheit.
Es ist ihre Leidenschaft, menschliches Verhalten und Fühlen zu hinterfragen. Sie verarbeitet ihre Erfahrungen auf ihren Webseiten und Blogs.

Du kannst auch den Blog ‚**Ananda Mae's Blog - Letters to Hope**', geschrieben aus der Perspektive ihrer Tochter lesen, in dem Ananda Mae Briefe an ihre eineiige Zwillingsschwester schreibt, die am dritten Tag ihres Leben gestorben ist, nachdem sie mit dem Potter-Syndrom geboren wurde.

Nathalie erlebte drei Schwangerschaften und brachte vor einigen Jahren eineiige Zwillingsmädchen zur Welt. Eines der Mädchen, Ananda Mae Passion, hält sie nun in diesem Leben an der Hand, die andere Tochter, Amya Mirica Hope, hat einen ewigen Platz in ihrem Herzen. Zwei darauffolgende Schwangerschaften endeten mit Fehlgeburten.

Nathalie hat tiefe persönliche und professionelle Erfahrungen mit dem Umgang mit Verlust und Trauer und glaubt, dass unterstützende Beziehungen, sowohl intime als auch die mit anderen unterstützenden Personen, die Grundlage für eine gesunde Trauererfahrung bilden.

Im Buch geht es darum, wie ein Paar den Verlust überlebt und wieder aus der Trauer in ein Leben auftaucht, welches Freude und Melancholie, Lachen und Tränen, Glück und Traurigkeit verbindet. Nicht entweder – oder, sondern sowohl – als auch.

Nathalie ist die Gründerin des Netzwerks *Trauernde Eltern* und trägt wesentlich zur Gemeinschaft trauernder Eltern mit verschiedenen freien Gemeinschaftsprojekten bei. Diese kannst du auf der Webseite der Trauernden Eltern finden.

Nathalie Himmelrich
Autoren-Webseite: www.nathaliehimmelrich.com
Netzwerk & Buchinfos: www.trauerndeeltern.net